ÉDUCATION PHYSIQUE ET SPORTIVE

PRÉPARATION AU SERVICE MILITAIRE

LIVRET INDIVIDUEL MEMENTO

d'Éducation Physique, Sportive et de Tir

ET

GUIDE-CONSEIL

à l'usage des jeunes gens se préparant aux divers examens pour l'obtention des Certificats d'éducation physique, Brevets de préparation militaire élémentaire et de spécialité.

APPARTENANT

à (1) ....

domicilié à (2) ....

inscrit à la Société (3) ....

(1) Nom (en bâtarde) et prénoms.
(2) Adresse exacte de la famille.
(3) Titre de la Société.

CHARLES-LAVAUZELLE ET Cie, ÉDITEURS MILITAIRES. — PARIS, LIMOGES, NANCY.

But. — Permettre aux instituteurs, professeurs, instructeurs, examinateurs, médecins et officiers du service de l'instruction physique de vérifier l'identité du titulaire du présent livret, de le suivre : 1° à l'école ; 2° dans les œuvres postscolaires ; 3° au régiment et dans les œuvres post militaires ; de se rendre compte périodiquement de son développement physique, de ses aptitudes particulières, de la marche de l'instruction et des progrès réalisés dans chacune des périodes envisagées ci-dessus.

Renseigner l'intéressé et la famille elle-même sur l'état général et physiologique de l'individu et permettre d'employer telle méthode ainsi que les moyens de réaction jugés nécessaires.

Après l'école, ce livret attestera les efforts accomplis par le titulaire pour développer et entretenir en lui ses aptitudes physiques, son endurance et sa valeur morale.

Il mentionnera les diverses licences obtenues pour la pratique de tel ou tel sport, spécialement indiqué.

Il attestera les performances réalisées, les résultats et les récompenses obtenus dans les divers concours, championnats, matches, etc...

Il sera pour l'intéressé le plus précieux témoin des heures de sa jeunesse et constituera *le premier code de son rôle social dans la nation.*

Il sera, pour son titulaire, la preuve évidente qu'il n'aura méconnu aucun de ses devoirs pour s'entretenir physiquement et devenir un être sain, robuste, résistant à la fatigue, très apte et très conscients des devoirs qui lui sont dévolus dans la nation.

Enfin, complété par des conseils et prescriptions d'un caractère général mais absolu, que tous les élèves des écoles, les élèves soldats et candidats aux divers certificats d'aptitude physique doivent connaître, ce livret sera, en outre, le meilleur guide-programme d'éducation physique, indispensable à tous les jeunes gens se préparant au service militaire.

Le présent livret, muni de la photographie du titulaire, peut tenir lieu de pièce d'identité. Dans ce cas, les signatures du titulaire et du président de la Société doivent être légalisées par le maire ou le commissaire de police. Il peut être présenté à toute réquisition, notamment aux guichets des gares, à l'appui d'un bulletin d'invitation pour obtenir un billet de réduction à demi-tarif.

EMPLACEMENTS RÉSERVÉS AUX PHOTOGRAPHIES.

1° (s'il y a lieu) A l'école (de 12 à 16 ans).	2° Après l'école et avant le régiment (de 16 à 20 ans).	3° Après le régiment (de 25 à 35 ans).
Signature du titulaire (1) :	*Signature du titulaire* (1) :	*Signature du titulaire* (1) :
CERTIFIÉ :	CERTIFIÉ :	CERTIFIÉ :
Le Président de la Société,	*Le Président de la Société,*	*Le Président de la Société,*
VU POUR LÉGALISATION :	VU POUR LÉGALISATION :	VU POUR LÉGALISATION :
Le Maire, ou *le Commissaire de police,*	*Le Maire,* ou *le Commissaire de police,*	*Le Maire,* ou *le Commissaire de police,*

(1) Le cachet de la Société (à défaut de la mairie ou du commissaire de police) doit être apposé, partie dans la case, sur la photographie, partie sur la signature.

LIVRET INDIVIDUEL MEMENTO

D'ÉDUCATION PHYSIQUE ET SPORTIVE ET DE PRÉPARATION AU SERVICE MILITAIRE

APPARTENANT

à (1)..

né le..

fils de..., et de ....

domicilié à ....

(S'il y a lieu) :

Changements successifs de domicile { ....

Écoles (établissements privés) ou S. S., S. A. G., etc., auxquelles l'intéressé a successivement appartenu.

ÉCOLES OU ÉTABLISSEMENTS SUCCESSIFS.	DATE de L'ENTRÉE.	DATE de LA SORTIE.	SIGNATURE DU PRÉSIDENT, directeur d'école ou établissement.

(1) Nom, prénoms.

I. — ÉDUCATION PHYSIQUE ET PRÉPARATION MILITAIRE OBLIGATOIRES.

PRINCIPES GÉNÉRAUX.

La loi sur l'éducation physique et la préparation militaire (1) pose, en principe absolu, les règles qui suivent :

« Art. 1er. — L'éducation physique est obligatoire pour les jeunes Français des deux sexes, savoir :

» *a*) Pour les jeunes gens, depuis l'âge de 6 ans révolus, jusqu'à leur incorporation;

» *b*) Pour les jeunes filles, dans l'enseignement primaire et dans l'enseignement secondaire, conformément aux lois et règlements spéciaux à l'instruction publique.

» Art. 2. — La préparation militaire est obligatoire pour les jeunes gens âgés de 16 ans révolus, jusqu'à leur incorporation. »

De ces dispositions, il faut conclure que nul citoyen n'ayant le droit de se soustraire à la loi, tous sont tenus de lui obéir et de s'y préparer. Cette loi est d'ailleurs une nécessité nationale.

I. — Éducation physique. — Ses bienfaits.

En conséquence, tous les enfants, quel que soit leur sexe, doivent développer leurs aptitudes physiques d'après les méthodes appropriées, suivant leur âge et leur valeur physiologique (2).

L'enseignement de l'éducation physique obligatoire embrasse trois périodes distinctes :

1° L'éducation physique élémentaire (enfants des deux sexes de 4 à 13-14 ans) (1re partie);

2° L'éducation physique secondaire (jeunes gens de 13 à 18 ans);

3° L'éducation physique supérieure, sportive et athlétique, pour les sujets d'élite qui peuvent, depuis l'âge de 16 ans, en suivre la pratique jusqu'au déclin de leur force musculaire (35 à 40 ans).

En outre, une quatrième période peut être envisagée; celle de l'âge mûr, après 35 ans, âge auquel les exercices athlétiques deviennent pénibles et dangereux pour la santé, mais pour lequel les exercices physiques sont extrêmement utiles et particulièrement recommandés.

Commencée ainsi dans la famille, poursuivie à l'école et s'épanouissant dans les sports jusqu'au seuil de la vieillesse, l'éducation physique est le meilleur élément de renaissance de la race française. Elle intéresse toute la nation et doit se cultiver, se poursuivre, pour la femme comme pour l'homme, journellement, ne serait-ce que quelques minutes, matin et soir.

Par leur application progressive et rationnelle, les exercices physiques sagement dosés sont des instruments de régénérescence : ils développent la vigueur musculaire du corps, améliorent sa constitution générale en

(1) Votée au Sénat le 10 juillet 1920, à la Chambre, le 24 mars 1921 et renvoyée à la Commission de l'armée pour complément d'examen.

(2) Voir Règlement général d'éducation physique (fascicules distincts, 1re, 2e, 3e et 4e parties).

agissant sur toutes ses fonctions vitales (respiration, circulation, etc...), et, par suite, engendrent la gaieté et la bonne humeur. Ils contribuent à façonner le caractère et secondent l'intelligence en facilitant autant le travail manuel que le travail intellectuel.

En résumé, les exercices physiques fortifient l'individu et la race.

De leur emploi se dégagent de nouvelles forces : l'unité nationale, l'esprit de discipline et le sentiment du devoir à la patrie, à la famille, à soi-même.

De leur action et de leur emploi continu naissent, chez les fervents des sports, la bravoure, le courage, la volonté, l'énergie, l'audace et l'endurance si nécessaires dans la vie, et, en plus, l'esprit de dévouement, toutes qualités indispensables aux individus ainsi qu'aux troupes qui veulent vaincre.

Obligation. — Le devoir de l'homme qui veut vivre et parvenir au but qu'il poursuit est donc de développer ses aptitudes physiques qui, seules, lui permettront de conserver sa santé, son ardeur, son enthousiasme, ses illusions et sa foi patriotique.

L'homme doit être fort au moral comme au physique; il se doit lui-même de développer sa force pour mieux se conserver. Il en est de même pour la jeune fille, pour la femme, *a fortiori* pour les jeunes gens.

C'est un devoir national et patriotique qui s'impose à tous et qui se résume dans cette devise immortelle : *Mens sana in corpore sano* (une âme saine dans un corps sain).

II. — Préparation militaire. — Son but.

L'éducation physique de la jeunesse se complète, pour les jeunes gens de 16 à 20 ans, par une active préparation au service militaire.

Cette préparation est un devoir qui s'impose à tous les jeunes gens, pour de multiples raisons dont les principales sont la réduction de nos charges militaires, et, avec elles, la diminution du service tout en maintenant haute et ferme la valeur de notre armée et la force morale et militaire de la nation.

Il importe que tous les Français se pénètrent de cette devise toujours vraie et de plus en plus immuable : *Si vis pacem, para bellum* (si tu veux la paix, prépare la guerre). Or, la France veut la paix. Elle veut travailler au maintien des relations pacifiques et mondiales que sa victoire, chèrement acquise, lui vaut dans le monde.

Mais elle ne pourra maintenir cette paix que si elle a une armée toujours forte et vigilante, toujours allante et que si tous les citoyens ont conscience de leurs devoirs militaires, patriotiques et sociaux. D'autre part, le Parlement ne pourra abaisser le service militaire à un an que si, préalablement, la préparation militaire de la jeunesse est réellement organisée sur tout le territoire national.

C'est le but fondamental de la future loi.

III. — Sanctions.

« La pratique des exercices physiques sera constatée et sanctionnée par l'introduction d'épreuves d'éducation physique dans les divers examens et concours de l'enseignement primaire, secondaire et technique » (art. 12 de la loi en instance au Parlement).

Actuellement, pour l'admission dans les grandes écoles, il est tenu le plus grand compte de l'aptitude physique des candidats. Toute note d'éducation physique inférieure à 4 entraîne, *ipso facto*, l'élimination du candidat (1).

(1) Voir barème des performances et de notation, page 12.

ÉDUCATION PHYSIQUE SCOLAIRE ET POSTSCOLAIRE.

1re période. — Éducation physique élémentaire (pré-pubertaire).

Elle comprend trois cycles ayant pour but :

1° *De 6 à 9 ans*, développer normalement les facultés physiques de l'enfant, parallèlement avec ses facultés mentales, selon les lois physiologiques de la croissance. Assurer sa santé par des jeux autant que possible en plein air;

2° *De 9 à 11 ans*, entretenir la santé, faciliter l'appétit. Développer les fonctions organiques de l'enfant et particulièrement sa fonction respiratoire. Perfectionner harmonieusement son organisme mental, nerveux et musculaire, ce dernier sans aucune exagération. Perfectionner l'ouïe, la vue et le toucher. Combattre les mauvaises attitudes. Rechercher la vivacité dans les mouvements. Stimuler l'esprit de discipline;

3° *De 11 à 13 ans*, développer les qualités physiques déjà acquises, leur donner un caractère utilitaire par l'emploi rationnel de mouvements éducatifs combinés. Préparation aux examens du certificat élémentaire d'éducation physique en vue de l'admission au cycle secondaire.

2e période. — Éducation physique secondaire.

Elle comprend deux degrés : 1er degré, *de 13 à 16 ans;* 2e degré, *de 16 à 18 ans.*

Chacun de ces degrés correspond aux épreuves physiques exigées pour recevoir : *a*) l'enseignement secondaire du 2e degré; *b*) l'enseignement supérieur.

BUT.

1° Assurer aux élèves la santé par le développement normal des fonctions organiques. Veiller particulièrement à la fonction respiratoire;

2° Poursuivre le développement normal des systèmes nerveux et musculaire en harmonie avec les autres fonctions, afin d'augmenter l'énergie vitale de l'individu;

3° Apprendre à utiliser économiquement cette énergie dans toutes les circonstances de la vie;

4° Donner le goût et l'habitude de l'effort, de la vie au grand air et préparer, par un entraînement progressif, les jeunes gens à recevoir l'éducation physique supérieure en vue de leur admission dans les grandes écoles et de leur préparation au service militaire.

3e période. — Éducation physique supérieure (sportive et athlétique).

BUT.

a) *Pour les jeunes filles*, confirmer la santé en sollicitant plus activement les fonctions organiques, dont le développement physiologique touche à sa fin.

Pour les garçons, confirmer la santé comme il est dit ci-dessus.

b) Rechercher la réalisation du type de l'athlète complet doué des qualités de force, de fond, de vitesse et d'adresse.

c) Développer le goût et l'habitude de l'effort sportif et athlétique.

Sont admis à suivre cet enseignement les élèves qui ont obtenu le certificat secondaire du 2e degré ou qui se destinent aux grandes écoles.

NOTA. — Les épreuves du certificat secondaire du 2e degré correspondent également avec celles prévues pour la délivrance du certificat d'aptitude physique, dont les examens, pour les appelés, auront lieu en même temps que les opérations du conseil de revision, lorsque la loi en instance au Parlement sera devenue exécutoire.

EXTRAIT (1)

DES FICHES PHYSIOLOGIQUES CONCERNANT L'ÉLÈVE.

Nom ....

Prénoms ....

Adresse et profession des parents ....

....

Période scolaire de 6 à 13, 14 et 15 ans.

Nota. — Le Carnet physiologique doit rester entre les mains du maître; cependant, il en est fourni un extrait aux parents avec les notes périodiques. Le présent livret permet la délivrance de ces extraits. Il y a même le plus grand intérêt, pour la famille et pour l'enfant, que les fiches physiologiques soient reproduites textuellement (sauf exception motivée d'un caractère confidentiel ou privé).

Observations. — § 13 : Comparer les mensurations avec les moyennes données à l'annexe n° 2 du projet de Règlement général d'éducation physique, 1re partie, page 56, § 14. Si l'enfant doit suivre un groupe médical ou a besoin d'exercices spéciaux, le médecin doit indiquer les exercices à faire sous la surveillance du maître, en genre et quantité, ainsi que tous conseils utiles à la famille et à l'instituteur.

Le Carnet physiologique de 6 à 13-14 ans doit suivre l'enfant toute sa vie après l'école; il est remis au groupe d'éducation physique dont l'enfant fait partie. Il doit en être de même du présent livret conservé par la famille et ensuite par l'intéressé devenu adulte.

---

(1) Ces extraits de fiche peuvent être livrés séparément du livret individuel.

1° AGE	6 ANS.			7 ANS.		
DATE DES CONTRÔLES PÉRIODIQUES.	OCTOBRE 19 .	MARS 19 .	JUILLET 19 .	OCTOBRE 19 .	MARS 19 .	JUILLET 19 .
2° Poids nu						
3° Taille (pieds nus)						
4° Périmètre thoracique ocyphoïdidien :						
Inspiration						
Expiration						
5° Élasticité thoracique :						
Différence en centimètres entre inspiration et expiration						
6° Capacité vitale (spiromètre)						
7° Colonne vertébrale						
8° Perméabilité nasale :						
Narine droite						
Narine gauche						
9° Dentition						
10° Vue						
11° Ouïe						
12° Particularité et observations						
13° Constitution :						
Forte						
Normale						
Faible						
14° Groupe d'éducation physique :						
Conseils à l'instituteur						
Conseils à la famille						
Visa :						
a) Du maître ou directeur d'établissement						
b) Du médecin						

Nota. — A partir du n° 9 les indications sont données par le médecin qui répète sa visite

8 ANS.			9 ANS.			10 ANS.		
OCTOBRE 19 .	MARS 19 .	JUILLET 19 .	OCTOBRE 19 .	MARS 19 .	JUILLET 19 .	OCTOBRE 19 .	MARS 19 .	JUILLET 19 .

initiale avant les vacances de Pâques et les grandes vacances.

1° AGE	11 ANS.			12 ANS.		
DATE DES CONTRÔLES PÉRIODIQUES.	OCTOBRE 19 .	MARS 19 .	JUILLET 19 .	OCTOBRE 19 .	MARS 19 .	JUILLET 29 .
2° Poids nu						
3° Taille (pieds nus)						
4° Périmètre thoracique ocyphoïdidien :						
Inspiration						
Expiration						
5° Élasticité thoracique :						
Différence en centimètres entre inspiration et expiration						
6° Capacité vitale						
7° Colonne vertébrale						
8° Perméabilité nasale :						
Narine droite						
Narine gauche						
9° Dentition						
10° Vue						
11° Ouïe						
12° Particularité et observations						
13° Constitution :						
Forte						
Normale						
Faible						
14° Groupe d'éducation physique :						
Conseils à l'instituteur						
Conseils à la famille						
Visa :						
a) Du maître ou directeur d'établissement						
b) Du médecin						

NOTA. — A partir du n° 9 les indications sont données par le médecin qui répète sa visite

13 ANS.			14 ANS.			15 ANS.		
OCTOBRE 19 .	MARS 19 .	JUILLET 19 .	OCTOBRE 19 .	MARS 19 .	JUILLET 19 .	OCTOBRE 19 .	MARS 19 .	JUILLET 19 .

initiale avant les vacances de Pâques et les grandes vacances.

TABLEAU DES PERFORMANCES
exigées aux

SEXE ET NOMBRE D'ÉPREUVES.	COURSES.		SAUTS AVEC ÉLAN.		PORTER OU LEVER.
	DISTANCE.	TEMPS.	Hauteur.	Longueur.	
	mètres.	min. sec.	mètres.	mètres.	
					1re Période. — *Certificat élémentaire*
Garçons (7 épreuves).	30	9	0 90	3 25	Porter un poids de 5 kilos en équilibre, sur la tête nue, sur un parcours de 10 mètres et revenir au point de départ.
Filles (6 épreuves)...	30	6	0 80	2 75	Porter un poids de 5 kilos en équilibre sur la tête nue, sur un parcours de 10 mètres et revenir au point de départ.
					2e Période. — *Certificat secondaire d'édu*
Garçons (8 épreuves).	60 800	9 3 30	1 10	4 »	Lever une barre de 30 kilos pendant 3 secondes à bras tendus.
Filles (7 épreuves)...	50 400	9 2	0 90	3 »	Barre de 15 kilos et la maintenir pendant 3 secondes au-dessus de la tête.
					3e Période. — *Certificat secondaire d'édu*
Garçons (7 épreuves).	100 1.000	11 3 30	1 25	4 50	Barre de 40 kilos et la maintenir pendant 4 secondes.
Filles (7 épreuves) ..	50 400	9 2 »	0 90	3 25	Barre de 20 kilos et la maintenir pendant 3 secondes.

Nota. — Chacune des épreuves est strictement individuelle sans compétition
médecin (article 5 de la loi).

ET ÉPREUVES PHYSIQUES

diverses périodes.

GRIMPER et RÉTABLISSEMENTS.	LANCERS.	EXERCICES D'ASSOUPLISSEMENT combinés.	DIVERS.
d'éducation physique (vers 13 ans).			
Aux cordes jumelles avec l'aide des pieds, à 4 mètres, et descendre sans l'aide des pieds.	6 balles main gauche et 6 balles main droite sur une cible placée à 10 mètres.	Se tenir en équilibre sur une poutre placée à 1 mètre, jambe gauche, puis jambe droite chacun des exercices durant 5 secondes.	
Néant.	2 balles bras gauche et 2 balles bras droit sur une cible placée à 8 mètres.	Se tenir en équilibre sur une poutre placée à 1 mètre jambe gauche, puis jambe droite, chacun des exercices durant 5 secondes.	
cation physique (1er degré, vers 16 ans).			
Un rétablissement à la barre et grimper (3 mètres), corde lisse, départ assis.	Boulet de 5 kilos à 6 mètres bras gauche et bras droit.	Un exercice d'assouplissement combiné.	
Néant.	2 balles bras gauche et 2 balles bras droit sur une cible placée à 10 mètres.	Un exercice d'assouplissement combiné.	
cation physique (2e degré, vers 18 ans).			
Trois rétablissements à la barre et grimper à la corde lisse (4 mètres), sans l'aide des pieds, départ assis.	Boulet de 7 k. 257 à 6 mètres au moins, du bras gauche, puis du bras droit.		
Néant.	2 balles bras gauche et 2 balles bras droit sur une cible placée à 12 mètres.	Exercices d'assouplissement et d'équilibre sur la poutre.	

et éliminatoire, sauf pour les enfants atteints d'infirmités reconnues par le

ÉLÈVES DES GRANDES ÉCOLES.

Il importe que les candidats officiers soient spécialement préparés à leur rôle de chef, rôle auquel ils ne sauraient complètement faire face que s'ils allient à leur culture intellectuelle des moyens physiques développés par la pratique des exercices physiques.

Barème de performance et de notation pour les candidats à Saint-Cyr.

NOTES.	100 MÈTRES.	1.000 MÈTRES.	SAUT EN HAUTEUR avec élan.	SAUT EN LONGUEUR avec élan.	GRIMPER, DÉPART assis.	RÉTABLISSEMENT.	LANCER du BRAS le plus faible.	LEVER.	NATATION (50 mètres).
	secondes.	min. sec.	mètres.	mètres.	mètres.		mètres.	kilos.	min. sec.
2.....	16	4 20	0 95	3 25	1 »	1 fois.	4 »	20	1 19
3.....	»	»	»	»	»	»	»	»	»
4.....	15 3/5	4 15	1 »	»	2 »	»	4 50	25	»
5.....	»	»	»	3 50	»	»	»	»	1 16
6.....	15 1/5	4 10	1 05	»	3 »	2 fois.	5 »	30	»
7.....	»	»	»	3 75	»	»	»	»	1 13
8.....	14 4/5	4 05	1 10	»	4 »	»	5 25	35	»
9.....	»	»	»	4 »	»	»	»	»	1 10
10.....	14 2/5	4	1 15	»	5 »	3 fois.	5 50	»	»
11.....	»	3 55	»	4 35	»	»	»	40	1 7
12.....	14	3 50	1 20	»	»	»	5 75	»	»
13.....	»	3 45	1 25	4 50	»	»	»	45	1 4
14.....	13 3/5	3 40	1 30	»	»	»	6 »	»	1 1
15.....	»	3 35	1 35	4 75	»	»	6 25	50	58
16.....	13 1/5	3 30	1 40	»	»	»	6 50	»	55
17.....	»	3 25	1 45	5 »	»	»	6 75	55	52
18.....	12 4/5	3 20	1 50	5 25	»	»	7 »	60	49
19.....	12 2/5	3 15	1 53	5 40	»	»	7 10	65	46
20.....	12	3 10	1 55	5 50	»	»	7 20	70	43

COEFFICIENTS. — Les coefficients sont ainsi fixés : *équitation*, 3 ; *escrime*, 3 : *éducation physique*, 10 ; *total :* 16.

Toute performance qui se trouve comprise entre deux performances cotées au barème entraîne la note correspondant à la performance inférieure.

FICHE PHYSIOLOGIQUE.

(2e et 3e périodes, de 16 à 20 ans).

Éducation physique et sportive et pré-militaire

concernant M. (1) ....

domicilié à ....

inscrit le .... sous le n° ....

Nota — Cette fiche permet de mentionner périodiquement, tous les six mois, les diverses mensurations et de se rendre compte du développement physique, normal ou anormal, de l'intéressé, de contrôler les résultats.

La visite initiale est faite, autant que possible, en présence du médecin attaché à la Société, à défaut, par un membre dirigeant idoine.

Les contrôles périodiques ont lieu, en principe : 1° en octobre, au commencement de la saison sportive; 2° en mars-avril, pour la saison d'athlétisme.

Chacun de ces contrôles périodiques est visé par le directeur des cours, ou le président de la Société et par le médecin de la Société.

Cette fiche doit être tenue constamment à jour et les renseignements y mentionnés rigoureusement exacts.

Elle constitue le graphomètre et le baromètre de la santé de l'intéressé.

Elle est spécialement établie pour les élèves des sociétés qui ne continuent pas leurs études scolaires ou ne font partie d'aucun établissement d'enseignement.

---

(1) Nom et prénoms.

AGE.	16 ANS.		17 ANS.	
DATE DES CONTROLES.	19 .	19 .	19 .	19 .
1° Profession..................				
2° Poids.......................				
3° Taille......................				
4° Envergure...................				
5° Périmètre cou...............				
6° — cuisse....				
7° — mollet..........				
8° — bras............				
9° — avant-bras......				
10° Coefficient thoracique, tronc, taille.................				
11° Segment anthropométrique, poids, taille (décimètres)..				
12° Périmètre abdominal......				
13° — thoracique (insp.)				
14° — thoracique (exp.)				
15° — Elasticité thoracique (différence)..........				
16° Spiromètre (capacité vitale).				
17° Indice de robusticité.......				
18° Force dynamométrique (pression)...............				
19° Force dynamométrique (traction)...				
20° Force dynamométrique (lombaire).............. .				
21° Etat des pieds.............				
22° Acuité visuelle............				
23° Acuité auditive....				
24° Urines.....................				
25° Particularités				
26° Conseils donnés { à l'instructeur...				
26° Conseils donnés { à la famille......				
27° Visa { 1° du directeur des cours...........				
27° Visa { 2° du médecin attaché à la Société.....				

18 ANS.		19 ANS.		20 ANS.	
19 .	19 .	19	19 .	19 .	19

LICENCES SPORTIVES OU D'ATHLÉTISME OBTENUES :

1° Licence de..

Nous soussigné (1) , président de la
certifions que M. (1) , membre de la Société
est inscrit sur les contrôles de la sous le n°
Après constatation médicale, nous certifions que M. (1)
réunit les conditions d'aptitude physique requises pour concourir ou prendre part aux épreuves de
° catégorie. Taille : , poids : (s'il y a lieu).
En foi de quoi, la présente licence lui est délivrée pour valoir ce que de droit.

A , le , 19 .

Reçu pour droit de licence :
Licence retirée le Motifs :

(1) Nom et prénoms.

2° Licence de..

Nous soussigné (1) , président de la
certifions que M. (1) , membre de la Société
est inscrit sur les contrôles de la sous le n°
Après constatation médicale, nous certifions que M. (1)
réunit les conditions d'aptitude physique requises pour concourir ou prendre part aux épreuves de
° catégorie. Taille : , poids : (s'il y a lieu).
En foi de quoi, la présente licence lui est délivrée pour valoir ce que de droit.

A , le , 19 .

Reçu pour droit de licence :
Licence retirée le Motifs :

(1) Nom et prénoms.

LICENCES SPORTIVES OU D'ATHLÉTISME OBTENUES.

Nous soussigné (1) , président de la
certifions que M. (1) , membre de la Société
est inscrit sur les contrôles de la sous le n°

Après constatation médicale, nous certifions que M. (1)
réunit les conditions d'aptitude physique requises pour concourir ou prendre part aux épreuves de
• catégorie. Taille : , poids : (s'il y a lieu).

En foi de quoi, la présente licence lui est délivrée pour valoir ce que de droit.

A , le , 19 .

Reçu pour droit de licence :

Licence retirée le Motifs :

(1) Nom et prénoms.

LICENCES SPORTIVES OU D'ATHLÉTISME OBTENUES.

Nous soussigné (1) , président de la
certifions que M. (1) , membre de la Société
est inscrit sur les contrôles de la sous le n°

Après constatation médicale, nous certifions que M. (1)
réunit les conditions d'aptitude physique requises pour concourir ou prendre part aux épreuves de
• catégorie. Taille : , poids : (s'il y a lieu).

En foi de quoi, la présente licence lui est délivrée pour valoir ce que de droit.

A , le , 19 .

Reçu pour droit de licence :

Licence retirée le Motifs :

(1) Nom et prénoms.

ENTRAINEMENT.

Relevé des performances sportives réalisées (1). (Courses, sauts, lancer, lever, natation, etc...)

DATES.	NATURE DES PERFORMANCES CONSTATÉES.	TEMPS CHRONOMÉTRÉ	VISA du CHRONOMÉTREUR ou directeur des examens.

(1) N'enregistrer que les performances supérieures à la cote 10 (voir barème des performances du critérium militaire, page 37).

DATES.	NATURE DES PERFORMANCES CONSTATÉES.	TEMPS CHRONOMÉTRÉ.	VISA du CHRONOMÉTREUR ou directeur des examens.

(1) N'enregistrer que les performances supérieures à la cote 12 (voir barème des performances).

CONCOURS ET MATCHES

auxquels M .... a pris part.

DATES.	NATURE DES CONCOURS ET MATCHES (1).	RÉSULTATS OBTENUS.	OBSERVATIONS.

(1) Ne mentionner que les concours annuels et matches interclubs relativement importants organisés ou contrôlés par les Comités régionaux, Unions ou Fédérations ou l'autorité militaire.

RÉCOMPENSES OBTENUES.

Prix, médailles, diplômes d'honneur, etc.

DATES.	NATURE DES RÉCOMPENSES OBTENUES.	MOTIFS (1).	VISA DU DIRECTEUR ou président de la Société.

(1) Signaler les circonstances particulières, concours ou matches où le titulaire du présent livret s'est distingué.

TABLEAU DES ÉPREUVES POUR L'OBTENTION DU B. P. M. E

(Instruction ministérielle du 1er juillet 1921 modifiée le 3 août 1923.)

A. — Épreuves pratiques.

	Coefficients.		Points.
1° MARCHE de 25 kilomètres, en terrain plat ou sur route exécutée sans armes et sans chargement, en cinq heures........	2	=	40
2° EDUCATION PHYSIQUE proprement dite : sept épreuves dont cinq notées. *a*) Un saut en hauteur avec élan; *b*) Un saut en longueur avec élan; *c*) Une course 100 mètres plat; *d*) Une course 1.500 mètres plat en six minutes trente secondes; *e*) Un grimper à la corde, pieds reposant à terre au départ, position debout; *f*) Un lancer avec l'une et l'autre main (poids de 7 kgr. 257); *g*) Un lever suivi d'un porter. NOTA. — Les épreuves *a*, *b*, *c*, *e*, *f* seules sont notées de 0 à 20. Les épreuves *d* et *g* sont éliminatoires, mais ne sont pas notées.	25	=	500
3° TIR. — *a*) A moyenne distance, tir réel à 200 mètres. Série de 7 balles tirées successivement et sans arrêt anormal. Trois balles d'essai, fusil réglementaire (1886 M. 93 ou 1907-1915) pris au pas de tir. Position facultative sans appui; cible carrée, 1m,50 au centre, cercle de 1 mètre, divisé en 10 zones; visuel noir de 0m,20 de diamètre. *Le candidat qui n'a pas obtenu 2 balles 3 points est éliminé.* *b*) Petite distance, 10 mètres, carabine 6mm. Série de 7 balles, tirées sans arrêt anormal, 3 balles d'essai. Position debout sans appui. Cible de 15 centimètres de diamètre divisée en 10 zones, visuel noir de 0m,03. *Le candidat qui n'a pas obtenu 40 points est éliminé.*	6	=	120
4° NATATION. — Épreuve supplémentaire facultative. Sauter à l'eau de 2 mètres de hauteur et nager 70 mètres, sans reprendre pied; le candidat est noté de 15 à 20, selon son style. S'il ne parcourt pas les 70 mètres exigés, le résultat n'est pas acquis.	4	=	80
A reporter.....................	37	=	740

B. — Épreuves théoriques.

	Coefficients.	Points
Report	37	= 740
1° ÉDUCATION MORALE. — Devoirs envers la France, le citoyen, la famille, la dignité individuelle, les vertus du bon citoyen et du soldat; discipline, camaraderie, etc... 2° HYGIÈNE. — Hygiène du vêtement et de l'habitation, hygiène collective et des exercices physiques, lutte contre la tuberculose, l'alcoolisme et les maladies vénériennes, soins, etc.	2	120
3° ÉDUCATION MILITAIRE ÉLÉMENTAIRE. — *a*) Education individuelle dans la campagne, orientation, appréciation des distances, liaisons diverses, lecture de la carte d'état-major, etc. *b*) Outils : leur emploi, travaux de terrassement, utilité des tranchées, etc.	1	
c) TIR. — Nomenclature de l'arme, démontage, remontage, constatation de la régularité de pointage, position du tireur; démonstration pratique avec l'arme. La moyenne des trois notes obtenues multipliée par le coefficient.	3	
Maximum des points pouvant être obtenus (natation comprise)	43	= 860
Minimum des points exigés sur l'ensemble des épreuves (note moyenne générale 7×39, total des coefficients, non compris l'épreuve facultative de natation)	39	= 273

NOTA. — Pour les épreuves théoriques, consulter le *Manuel de préparation militaire élémentaire* qui donne les réponses à toutes les questions qui peuvent être posées par les officiers examinateurs.

BARÈME DE NOTATION

des épreuves du brevet de préparation militaire élémentaire.

NOTE.	SAUT EN HAUTEUR avec élan	SAUT en LONGUEUR avec élan.	100 MÈTRES PLAT.	GRIMPER.	LANCER (addition des deux mains).	TIR AU FUSIL.	TIR à la CARABINE.
	mètres.	mètres.	sec.	mètres.	mètres.		
1......	1 »	3 50	17	2 »	7 »	3	40
2......	1 05	3 65	16 3/5	2 50	7 50	6	42
3......	1 10	3 80	16	2 75	8 »	9	44
4......	1 14	3 95	15 2/5	3 »	8 50	12	46
5......	1 18	4 10	15	3 50	9 »	15	48
6......	1 22	4 25	14 3/5	4 »	9 50	18	50
7......	1 26	4 40	14 2/5	4 50	10 »	21	52
8......	1 30	4 55	14 1/5	5 »	10 50	24	54
9......	1 33	4 70	14	5 25	11 »	27	56
10......	1 36	4 85	13 4/5	5 50	11 50	30	58
11......	1 39	5 »	13 3/5	6 »	12 »	34	60
12......	1 42	5 15	13 2/5	6 50	12 50	38	62
13......	1 45	5 30	13 1/5	7 »	13 »	42	63
14......	1 48	5 40	13	7 50	13 50	46	64
15......	1 50	5 50	12 4/5	7 75	14 »	50	65
16......	1 52	5 60	12 3/5	8 »	14 25	54	66
17......	1 54	5 70	12 2/5	8 25	14 50	58	67
18......	1 56	5 80	12 1/5	8 50	14 75	62	68
19......	1 58	5 90	12	8 75	15 »	66	69
20......	1 60	6 »	11 4/5	9 »	15 25	70	70

Tout candidat qui n'obtient pas la note 1 dans l'une des épreuves est éliminé.
Toute performance entre deux notes donne droit à la note inférieure.

ENREGISTREMENT DES TIRS EXÉCUTÉS.

1° Tir à petite distance (Carabine scolaire à 10 mètres).

Cible modèle B, de 15 centimètres de diamètre, divisée en 10 zones, comptant de 1 à 10 points.

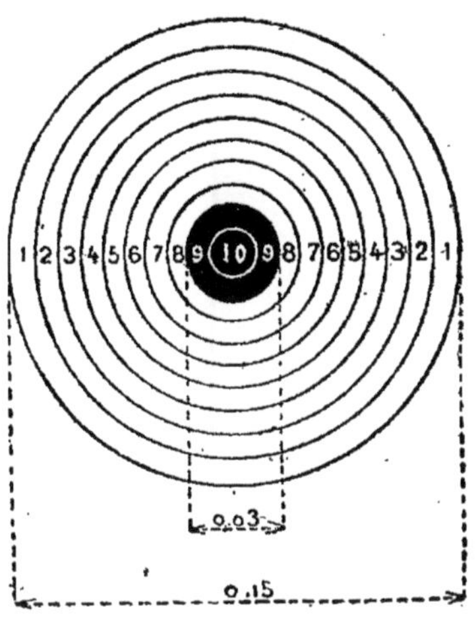

Visuel noir de 3 centimètres, comprenant 9 et 10.

DATES des SÉANCES.	DISTANCE.	POSITION.	BALLES		POINTS OBTENUS.	OBSERVATIONS. — Défauts du tireur, émargement, s'il y a lieu, *ou* visa du directeur de tir.
			TIRÉES.	MISES.		

DATES des SÉANCES.	DIS-TANCE.	PO-SITION.	BALLES		POINTS OBTENUS.	OBSERVATIONS. — Défauts du tireur, émargement, s'il y a lieu, *ou* visa du directeur de tir.
			TIRÉES.	MISES.		

2° Tir à l'arme de guerre à moyenne distance (200 mètres).

Cible carrée de $1^{m},50$ de côté. Au centre, un cercle de 1 mètre de diamètre divisé en 10 zones.

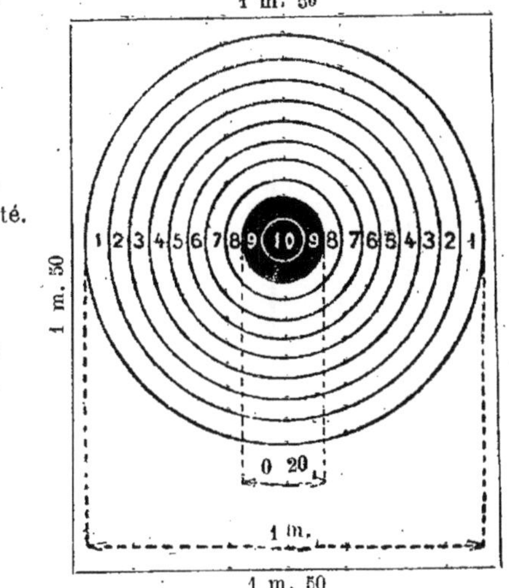

Visuel noir de $0^{m},20$ de diamètre, comptant 9 et 10.

DATES des SÉANCES.	DISTANCE.	POSITION.	BALLES		POINTS OBTENUS.	OBSERVATIONS. Défauts du tireur, émargement, s'il y a lieu, *ou* visa du directeur de tir.
			TIRÉES.	MISES.		

DATES des SÉANCES.	DIS-TANCE.	PO-SITION.	BALLES TIRÉES.	BALLES MISES.	POINTS OBTENUS.	OBSERVATIONS. — Défauts du tireur. émargement, s'il y a lieu, *ou* visa du directeur de tir.

TABLEAU

des séances d'éducation physique et sportive ou d'entrainement auxquelles l'élève .... a pris part.

DATES.	NATURE DES SÉANCES.	DATES.	NATURE DES SÉANCES.	DATES.	NATURE DES SÉANCES.

DATES.	NATURE DES SÉANCES.	DATES.	NATURE DES SÉANCES.	DATES.	NATURE DES SÉANCES.

TABLEAU RÉCAPITULATIF

des séances d'instruction suivies de 16 à 20 ans (1).

NATURE DES SÉANCES.	19 . De 16 à 17 ans.	19 . De 17 à 18 ans.	19 . De 18 à 19 ans.	19 . De 19 à 20 ans.	TOTAL des SÉANCES.	APPRÉCIATION D'ENSEMBLE.
Éducation physique (gymnastique éducative de sélection)...						
Sports athlétiques.........						
Courses.........						
Marches.........						
Tir à la carabine.						
Tir réel à 200 m.						
Topographie élémentaire......						
Lecture sur la carte........						
Equitation.......						
Hippologie.......						
Hygiène et morale						
Natation.........						
Spécialités.......						
Séances diverses:						

(1) Ce tableau doit faire état de toutes les séances auxquelles l'élève a pris part.

Récapitulées au moment des examens, elles permettront à la Commission de juger des efforts de l'élève et de le noter en conséquence.

ATTESTATION.

Le Président de la Société
atteste que les renseignements portés d'autre part sur le présent livret individuel sont exacts.

L'intéressé a (*ou* n'a pas) suivi régulièrement les séances d'instruction et d'entraînement en vue de servir dans (1)
a pris part à : séances pratiques
séances théoriques.

A , le , 19 .

Le Président de la Société,

(1) Indiquer l'arme.

Brevet de préparation militaire élémentaire et de spécialité.

Le Président de la Commission d'examen certifie que le nommé (nom et prénoms) , né le
domicilié à a obtenu le brevet de préparation militaire élémentaire avec la note : . Points obtenus :

En outre, il a obtenu les brevets de spécialité ci-après :
note :
note : . Points obtenus :
note : . Points obtenus :

En foi de quoi, le présent certificat lui est délivré.

A , le , 19 .

Le Président de la Commission,

III. — ÉDUCATION ET INSTRUCTION PHYSIQUES MILITAIRES.

But. — Adapter physiquement le soldat aux diverses fonctions de son arme, développer sa valeur collective par la pratique des sports individuels et collectifs et le préparer à la discipline du champ de bataille par la discipline du stade.

Visite médicale. — Dès l'incorporation, à la suite d'un examen médical dont les résultats sont consignés sur une fiche individuelle du modèle ci-annexé, les recrues sont classées en trois catégories : 1° *sujets normaux;* 2° *sujets à ménager;* 3° *sujets à rééduquer.*

Détermination de la valeur physique. — Pendant les quatre premières semaines, les sujets *normaux* sont soumis à un léger entraînement qui leur permet de s'acclimater et d'affirmer les aptitudes physiques réellement acquises avant leur incorporation.

Au cours de la 5° semaine, ils sont soumis à des épreuves types (huit) qui permettent de déterminer leur réelle valeur physique et de les classer en : *forts*, *moyens* ou *faibles*, d'après les performances limites indiquées ci-après :

NATURE DES ÉPREUVES.	FAIBLES. — Une ou plusieurs performances inférieures à	MOYENS. — Toutes performances égales ou supérieures à	FORTS. — Toutes performances égales ou supérieures à	OBSERVATIONS.
Course 100 mètres (individuelle)	14" 3/5	14" 3/5	13" 3/5	L'exécution de ces épreuves est strictement individuelle, tout esprit de concours en est banni. Il ne doit être fait aucune exagération dans l'effort.
Course 1.000 mètres (individuelle)	3' 45"	3' 45"	3' 30"	
Saut en hauteur avec élan.	1 m. 20	1 m. 20	1 m. 30	
Saut en longueur avec élan.	4 mètres	4 mètres	4 m. 50	
Lancer du poids de 7 k 257 (Moyenne des deux mains).	6 mètres	6 mètres	6 m. 50	
Grimper	3 rétablissement à la barre	3 rétablissements à la barre	3 rétablissements à la barre et 4 m. 50 corde	
Lever barre à sphère 1 fois.	40 kilogs	40 kilogs	50 kilogs	
50 mètres nage libre	1' 30"	1' 30"	1' 10"	

Nota. — N'est considéré comme réellement fort que celui qui, ayant réalisé les performances fortes, reste dans un état physique normal après l'exécution des épreuves.

Sujets à ménager. — Suivent un entraînement physique progressif, en vue de les amener au niveau des sujets normaux, catégorie faible à laquelle ils sont rattachés pour l'instruction.

Sujets à rééduquer. — Sont désignés par le médecin et dirigés sur un centre d'instruction et de rééducation physique, en vue d'y suivre un entraînement progressif et particulier.

Contrôle périodique. — Tous les trois mois, les sujets normaux subissent les mêmes épreuves-types que celles subies au cours de la 5° semaine qui suit l'incorporation.

But. — Constater les progrès réalisés dans l'échelle des performances, prononcer le passage d'un groupe dans un autre, sélectionner les forts pour les préparer à des compétitions sportives ou les adapter à des spécialités de leur arme. Les performances réalisées sont portées sur la fiche *ad hoc.*

EXAMEN MÉDICAL PÉRIODIQUE.

DATES	19 .	19 .	19 .	19 .	19 .	19 .
Age						
Périmètre thoracique — Inspiration						
Périmètre thoracique — Expiration						
Elasticité thoracique						
Capacité vitale						
Dentition						
Vue — Droite						
Vue — Gauche						
Ouïe — Droite						
Ouïe — Gauche						
Cœur						
État des pieds						
Particularités						
Constitution						
Recommandations diverses						
Nom						
et signature du médecin						
Visa du commandant de l'unité						

(1) Ajouter, s'il y a lieu, au moyen d'un onglet, les intercalaires nécessaires pour les engagés volontaires, rengagés, commissionnés.

EXAMEN PHYSIQUE périodique. Performances réalisées (1).

DATES	19 .	19 .	19 .	19 .	19 .	19 .
100 mètres						
1.000 mètres						
Hauteur avec élan						
Lancer (poids 7 k. 257) des deux mains						
Grimper, corde lisse, départ assis						
Lever, barre à sphère, une fois.						
50 mètres nage libre						
Groupe d'instruction						

(1) Ajouter, s'il y a lieu, au moyen d'un onglet, les intercalaires nécessaires pour les engagés volontaires, rengagés, commissionnés.

RENSEIGNEMENTS PARTICULIERS.

1° Date de passage d'un groupe dans un autre.

2° Équipes dont l'intéressé fait partie (football association, rugby, etc.)

3° Spécialités. Préparation olympique.

4° Matches et championnats auxquels l'intéressé a participé étant sous les drapeaux.

5° Classement, titres obtenus, etc.

Observations générales

A ...., *le* .... 19 .

PRÉPARATION AU CRITÉRIUM MILITAIRE.

Au cours de leur service militaire, les sujets qui présentent les meilleures performances et se trouvent dans d'excellentes conditions physiques sont sélectionnés dans les corps de troupe et entraînés en vue du critérium militaire d'éducation physique.

Ce critérium comporte huit épreuves-types, qui servent de base à la détermination de la valeur physique des jeunes soldats :

1° Course de 100 mètres;
2° Course de 1.000 mètres;
3° Saut en hauteur avec élan;
4° Saut en longueur avec élan;
5° Lancement du poids (7 kgr. 257);
6° Grimper à la corde;
7° Lever de la barre à sphères;
8° Natation : 50 mètres nage libre.

Les candidats sont classés d'après le barème coté de 0 à 100, dont ci-après un extrait coté de 5 en 5

Fiche physiologique d'entraînement.

DÉSIGNATION.	AU DÉBUT de L'ENTRAINEMENT.	APRÈS 15 JOURS.	APRÈS UN MOIS.	APRÈS 45 JOURS.
Rythme respiratoire (nombre des mouvements respiratoires en une minute) :				
Au repos	....	....	....	....
Après un exercice déterminé (course de 200 mètres)........	....	....	....	....
Rythme cardiaque (nombre de pulsations en une minute) :				
Au repos	....	....	....	....
Après un exercice déterminé (course de 200 mètres)........	....	....	....	....
Force de traction au dynamomètre....	....	....	....	....
Force de pression au dynamomètre....	....	....	....	....
Force lombaire au dynamomètre.....	....	....	....	....

Nota. — Au cours d'une période d'entraînement, se garder de tout surmenage; éviter la perte de poids, un amaigrissement trop rapide; surveiller le rythme respiratoire et le rythme cardiaque. Obtenir la stabilisation du rythme respiratoire et du pouls, par laquelle on reconnaît que l'entraînement général d'un athlète est un fait accompli.

BARÈME DES PERFORMANCES
pour le critérium militaire

(Annexé à la circulaire ministérielle n° 1147 E P/M du 26 avril 1922).

NOTES.	100 MÈTRES.	1.000 MÈTRES.	SAUT en HAUTEUR.	SAUT en LONGUEUR.	LANCER DU POIDS 7 k. 257 (addition des deux mains).	GRIMPER.	LEVER.	NATATION.
	secondes.	minutes.	mètres.	mètres.	mètres.	mètres.	kilos.	min. sec.
0...	15 6	4 10	1 »	3 70	9 »	1 »	20 »	1 10
5....	14 5	3 47 7	1 23	4 58	13 22	3 72	39 »	1 2
10....	14	3 37 9	1 32	4 95	15 03	6 38	56,500	56 5
15....	13 7	3 31 4	1 39	5 22	16 28	7 67	66,500	53 4
20....	13 4	3 25 7	1 46	5 46	17 50	8 69	71,500	50 7
25....	13 2	3 20 2	1 51	5 67	18 53	9 60	76,500	48 2
30....	12 9	3 15	1 56	5 86	19 42	10 37	81,500	45 7
35....	12 7	3 10 4	1 60	6 02	20 26	11 12	86,500	43 6
40....	12 5	3 6 4	1 64	6 19	21 06	11 85	91,500	41 6
45....	12 3	3 2 4	1 68	6 34	21 81	12 52	96,500	39 8
50....	12 1	2 58 4	1 72	6 49	22 51	13 10	101,200	38 3
55....	12	2 54 8	1 76	6 62	23 16	13 65	105,500	36 4
60....	11 8	2 51 4	1 79	6 76	23 80	14 20	109 500	34 9
65....	11 6	2 48 2	1 82	6 88	24 40	14 75	113 »	33 8
70....	11 5	2 45 4	1 85	6 99	24 95	15 27	116,400	32 5
75....	11 3	2 42 4	1 88	7 12	25 50	15 77	119,400	31
80....	11 2	2 39 4	1 91	7 22	26 06	16 27	122 400	29 5
85....	11	2 36 5	1 94	7 33	26 61	16 75	125,400	28 2
90....	10 9	2 34	1 97	7 43	27 09	17 19	128,400	27 2
95....	10 8	2 31 5	1 99	7 53	27 54	17 60	131,400	26 2
100....	10 6	2 29 1/10	2 012	7 63	28 017	18 »	134,400	25 2

IV. — ENTRAINEMENT PHYSIQUE APRÈS LE RÉGIMENT JUSQU'A L'AGE MUR.

PRÉPARATION AUX OLYMPIADES.

DATES.	NATURE DE L'ENTRAINEMENT.	TEMPS CONSACRÉ.	PERFORMANCES RÉALISÉES. — Visa du chronométreur.

DATES	NATURE DE L'ENTRAINEMENT.	TEMPS CONSACRÉ	PERFORMANCES RÉALISÉES. — Visa du chronométreur.

1re FICHE PHYSIOLOGI

DÉSIGNATION.	AU DÉBUT DE L'ENTRAINEMENT.	APRÈS 15 JOURS.
A. — *Rythme respiratoire* (nombre des mouvements respiratoires en une minute) :		
Au repos....................	....	....
Après un exercice déterminé.	....	....
Après une course de 200 mètres.	....	....
Après une course de 1.000 mètres	....	....
Après ..	....	....
B. — *Rythme cardiaque* (nombre de pulsations en une minute) :		
Au repos....................	....	....
Après un exercice déterminé...	....	....
Après une course de 200 mètres.	....	....
Après une course de 1.000 mètres	....	....
Après une course .	....	....
Force de traction au dynamomètre	....	....
Force de pression au dynamomètre	....	....
Force lombaire au dynamomètre	....	....

QUE D'ENTRAINEMENT.

APRÈS 1 MOIS.	APRÈS 15 JOURS.	RÉSULTATS CONSTATÉS. — OBSERVATIONS.

2e FICHE PHYSIOLOGI

DÉSIGNATION.	AU DÉBUT DE L'ENTRAINEMENT.	APRÈS 15 JOURS.
A. — *Rythme respiratoire* (nombre des mouvements respiratoires en une minute) :		
Au repos....................		
Après un exercice déterminé..		
Après une course de 200 mètres.		
Après une course de 1.000 mètres		
Après ..		
B. — *Rythme cardiaque* (nombre de pulsations en une minute) :		
Au repos,....................		
Après un exercice déterminé.		
Après une course de 200 mètres.		
Après une course de 1.000 mètres		
Après une course .		
Force de traction au dynamomètre....................		
Force de pression au dynamomètre....................		
Force lombaire au dynamomètre....................		

QUE D'ENTRAINEMENT.

APRÈS 1 MOIS.	APRÈS 45 JOURS.	RÉSULTATS CONSTATÉS. — OBSERVATIONS.

FICHE PHYSIOLOGIQUE RÉ

ANNÉES	19 .	19 .	19 .	19 .	19 .
Age					
Poids					
Taille					
Envergure					
Périmètre :					
Cou					
Cuisse					
Mollet					
Bras					
Avant-bras					
Abdominal					
Thoracique (inspir.)					
Thoracique (expir.)					
Elasticité thoracique (différence)					
Robusticité					
Acuité visuelle					
Acuité auditive					
Urine					
Particularités diverses					

DUITE DE 25 A 35-40 ANS.

19 .	19 .	19 .	19 .	19 .	19 .	19 .

FICHE PHYSIOLOGIQUE RÉ

ANNÉES	19 .	19 .	19 .	19 .	19 .
Age					
Poids					
Taille					
Envergure					
Périmètre :					
Cou					
Cuisse					
Mollet					
Bras					
Avant-bras					
Abdominal					
Thoracique (inspir.)					
Thoracique (expir.)					
Élasticité thoracique (différence)					
Robusticité					
Acuité visuelle					
Acuité auditive					
Urine					
Particularités diverses					

DUITE DE 25 A 35-40 ANS.

19 .	19 .	19 .	19 .	19 .	19 .	19 .

NOTES. — MEMENTO.

II. — PRÉPARATION VOLONTAIRE AU SERVICE MILITAIRE.

DISPOSITIONS GÉNÉRALES.

Indépendamment des prescriptions générales qui précèdent, relatives à la stricte application de la loi qui doit rendre obligatoires l'éducation physique de la jeunesse et sa préparation au service militaire, tous les jeunes gens doivent, volontairement et joyeusement, se préparer physiquement et moralement à affronter les examens du brevet de préparation militaire élémentaire et de quelques brevets de spécialité (B. S.), dont l'obtention consacrera leur entraînement et leur mérite et leur donnera des avantages matériels et moraux certains.

BUT.

Coordonner l'action des divers groupements d'initiative privée qui contribuent à l'éducation pré-militaire de la jeunesse;

Assigner aux sociétés un minimum des aptitudes physiques et connaissances techniques et pratiques que les jeunes gens doivent posséder avant leur incorporation;

Obliger ces derniers à s'entraîner progressivement pour acquérir les aptitudes physiques requises.

SANCTIONS.

Les brevets prévus ci-dessous sanctionnent effectivement la préparation *volontaire* au service militaire et en sont le couronnement. Ils prouvent l'aptitude physique acquise, les efforts accomplis par ceux qui ont eu à cœur de compléter leur entraînement physique, de s'éduquer et de se former en prévision de l'heure où ils seront appelés à remplir leur premier devoir de citoyen et de soldat dans la nation armée. (Instruction ministérielle du 1er juillet 1921 modifiée le 3 août 1923.)

1° Brevet de préparation militaire élémentaire.

Ce brevet remplace le brevet d'aptitude militaire (B. A. M.), antérieurement créé par la loi du 8 avril 1903. Il est accordé aux jeunes gens qui ont satisfait aux épreuves pratiques et théoriques fixées dans le tableau qui suit (1), communes à tous les candidats, et qui ont obtenu un minimum de 273 points, représentant une moyenne générale égale à 7.

2° Brevet de spécialité (B. S.).

Est accordé aux candidats titulaires du B. P. M. E. qui, dans l'épreuve spéciale, ont satisfait aux examens et obtenu la moyenne de notes exigée.

NOTA. — Les points obtenus dans les divers brevets de spécialité s'ajoutent à ceux obtenus pour le brevet et, totalisés, servent au classement des candidats pour déterminer leur ordre de mérite et leur priorité au choix du corps d'affectation.

(1) Pages 22 et 23.

AVANTAGES RÉSULTANT DE L'OBTENTION DES DIVERS CERTIFICATS.

1° Avantages communs aux titulaires du B. P. M. E.

a) Engagements spéciaux dits de devancement d'appel. — « Les jeunes gens d'au moins 18 ans remplissant les conditions d'aptitude physique et pourvus du brevet de préparation militaire élémentaire sont admis à contracter, dans les corps métropolitains, dans le corps de leur choix et jusqu'à concurrence du nombre fixé par le Ministre pour chaque corps, un engagement spécial, dit de devancement d'appel, d'une durée égale au temps du service actif (art. 63, loi du 1er avril 1923). Ces engagements sont admis au moment de l'incorporation de chaque fraction du contingent. »

b) Choix du corps. — Les appelés titulaires du brevet de préparation militaire élémentaire ont la faculté de choisir leur corps d'affectation dans les limites déterminées par le décret du 12 janvier 1923 et d'après leur ordre de mérite sur la liste de classement entre tous les candidats de la même subdivision.

c) Ancienneté. — A l'incorporation, droit d'ancienneté dans l'immatriculation avant ceux non munis de ce brevet et dans l'ordre du nombre de points obtenus aux examens. Sont déchus de ce droit, ceux qui se présentent à leur corps avec un retard sur la date de convocation, non imputable à la force majeure.

d) Avancement (1). -- Les appelés et engagés volontaires ayant obtenu ledit brevet, soit avant, soit après leur incorporation, sont admis, de droit, au peloton des élèves caporaux ou élèves brigadiers. Ils peuvent être nommés caporaux ou brigadiers après quatre mois de service (loi du 8 avril 1903) et sous-officiers après cinq mois de grade (loi du 16 juillet 1906). Cet avancement n'est pas un droit, mais une récompense accordée au mérite, suivant la valeur et les aptitudes du candidat.

e) Insigne spécial. — Port, pendant la durée du service actif, d'un insigne spécial délivré à l'arrivée au corps, comprenant un écusson en métal estampé, doré mat, rappelant l'attribut du trophée d'armes qui suspend la médaille militaire. Sur la cuirasse sont estampées les lettres : B. P. M. E.

Cet insigne est porté sur le côté droit de la capote ou veston, à hauteur du deuxième bouton.

f) Diplôme du brevet. — Délivrance gratuite d'un titre de brevet présentant un caractère artistique et susceptible d'être conservé et exposé comme souvenir. Après l'incorporation, les appelés et engagés volontaires qui obtiennent au corps le brevet ont droit aux mêmes avantages prévus aux paragraphes *d*, *e* et *f* ci-dessus.

2° Avantages particuliers accordés aux titulaires de B. S.

Les détenteurs des brevets de spécialités bénéficient, en outre, des avantages suivants :

1° Addition, aux points obtenus aux épreuves du brevet de préparation militaire élémentaire, des points obtenus aux épreuves du ou des brevets de spécialité, pour le classement définitif dans la subdivision;

2° Suivant les nécessités du recrutement et les aptitudes physiques cons-

(1) Une loi en instance au Parlement prévoit pour les titulaires du B. P. M. E. leur nomination au grade de caporal ou de brigadier à deux mois de service et de sous-officier, après trois mois de service actif dans le grade précédent.

latées, affectation de préférence à un corps de l'une des subdivisions d'armes utilisant la spécialité qu'ils ont préparée. Exemple :

a) A une arme montée, les titulaires du brevet « armes montées »;

b) A une unité cycliste, le titulaires du brevet de spécialité « cycliste ».

c) A une unité de pontonniers, les titulaires du brevet de spécialité « aviron »;

d) A une unité de chars de combat, les titulaires du brevet de spécialité « chars de combat »;

e) A une unité de sapeurs radiotélégraphistes, les titulaires du brevet de spécialité « lecteur au son »;

f) A une unité de sapeurs-mineurs, les titulaires du brevet de spécialité « sapeur-mineur »;

g) A une unité de sapeurs de chemin de fer, les titulaires du brevet de spécialité « sapeurs de chemin de fer »;

h) A une unité de sapeurs télégraphistes, les titulaires du brevet de spécialité « opérateur manipulant télégraphiste »;

i) Au 8° régiment du génie (service colombophile) et aux régiments de cavalerie (cavaliers colombophiles), les titulaires du brevet de spécialité de « colombophile »;

3° Tolérance de taille de 2 centimètres en plus ou en moins, pour l'affectation à une arme montée, pour les titulaires du brevet de spécialité « armes montées »;

4° Tolérance de poids de 3 kilogrammes pour l'admission dans les cuirassiers, et de 2 kilogrammes pour l'admission dans les autres subdivisions de la cavalerie montée, pour les titulaires du brevet de spécialité « armes montées »;

5° Droit de priorité, dans leurs régiments, au moment du choix des élèves prévôts et droit de porter sur la manche gauche l'insigne spécial des escrimeurs (deux fleurets croisés), pour les titulaires du brevet de spécialité d'escrimeur classé;

6° Délivrance gratuite d'un titre de brevet présentant un caractère artistique et susceptible d'être conservé et exposé comme souvenir;

7° Attribution d'une médaille de bronze accordée par le Ministre à tout candidat ayant un brevet de spécialité avec la note +10.

DISPOSITIONS PARTICULIÈRES.

Candidats a Saint-Cyr. — Les jeunes gens candidats à l'École spéciale militaire de Saint-Cyr, titulaires du brevet de préparation militaire élémentaire et des brevets de spécialité bénéficient, pour leur admission, de points de majoration : 10 points pour le B. P. M. E., 3 points par B. S.

Dates des examens. — Ces dates sont fixées par le Ministre de la guerre suivant les dates et le mode d'incorporation du contingent, en principe deux mois avant l'incorporation. Elles sont portées à la connaissance des candidats par la voie de la presse locale.

Nota. — L'incorporation du contingent étant faite en deux fractions, les examens ont lieu en deux sessions : février-mars; août-septembre.

Demande a établir. — Ces demandes sont, autant que possible, conformes au modèle indiqué ci-après. Elles indiquent d'une manière précise les nom, prénoms et adresse du candidat, son recrutement d'origine, le centre où il désire passer l'examen et les diverses spécialités pour lesquelles il demande à concourir.

Ces demandes, centralisées par le président de la Société ou le directeur de l'établissement, sont adressées au général commandant le groupe de subdivisions de région (1), avec une liste nominative récapitulative des candidats présentés par la Société ou l'établissement.

Modèle de demande.

(1) *à Monsieur le Général commandant la subdivision de région d..... à.....*

Je soussigné (nom et prénoms très lisibles)
né le à , canton d département d
demeurant à , rue
canton d département
appartenant à la classe 19 , demande à prendre part aux épreuves pour l'obtention des titres ci-après :

1° Brevet de préparation militaire élémentaire;

2° Brevets de spécialité de (énumérer les diverses spécialités dont le candidat désire subir les épreuves).

Je déclare avoir pris part aux séances d'instruction de la Société de et avoir été préparé au brevet de spécialité de par la Société de

Date et signature :

Recrutement d'origine :

Admission. — Ne sont admis à se présenter aux épreuves du B. P. M. E. que les jeunes gens appartenant à la plus prochaine classe à appeler sous les drapeaux ou désirant contracter un engagement spécial et, aux B. S., que ceux qui ont obtenu le B. P. M. E. Les illettrés ne peuvent être admis à concourir.

Hébergement. — Les candidats appartenant aux sociétés agréées ou scolaires admis à concourir sont autorisés à prendre leur repas à l'ordinaire d'un des corps de troupe de la garnison où ils subissent leurs examens et à coucher à la caserne, moyennant le remboursement des dépenses qu'ils auront occasionnées. Ils sont pris en subsistance par ledit corps.

A cet effet, les présidents des sociétés auxquelles appartiennent les candidats doivent adresser, dès la convocation, une demande au général commandant le groupe de subdivisions de région.

Cette demande comporte : 1° la liste nominative des candidats désireux d'être placés en subsistance; 2° l'engagement, par la Société, de rembourser au corps les dépenses occasionnées par la nourriture et le couchage des sociétaires.

Cette demande doit parvenir au général commandant le groupe de subdivisions (1) au moins cinq jours avant l'examen.

Examens.

Ordre des épreuves. — Les examens pour l'obtention du B. P. M. E. sont passés en deux journées consécutives ou deux dimanches de suite, en principe dans l'ordre suivant :

1er jour : matin, tir; soir, épreuves physiques;

(1) Ou, au chef du service départemental de l'instruction physique.

2e jour : matin, marche; soir, fin des épreuves et, si possible, commencement des épreuves de spécialité pour les candidats venus d'assez loin.

Les épreuves théoriques sont intercalées entre les diverses épreuves pratiques.

Les épreuves des brevets de spécialités ne doivent durer qu'une journée, de préférence le dimanche.

Les épreuves de natation du B. P. M. E. et des brevets « nageur classé » et « aviron » sont passées pendant la saison chaude.

Notation, coefficients. — Les commissions de classement prennent comme base de notation l'échelle de 0 à 20 et le barème indiqué (1) en ce qui concerne le B. P. M. E., et l'échelle de 0 à 10 pour les brevets de spécialité.

En vue de réserver à chaque épreuve le rang d'importance qui lui appartient, et pour mieux permettre le classement par ordre de mérite des candidats, les notes obtenues sont multipliées par les coefficients indiqués dans le tableau des épreuves qui suit (2).

La notation des brevets de spécialité comporte des coefficients différents qui, multipliés par la note obtenue dans chaque spécialité, permet au candidat d'obtenir des points de majoration.

Classement. — L'ordre de mérite est déterminé : 1° par le nombre de points obtenus au B. P. M. E.; 2° par l'adjonction, s'il y a lieu, des points obtenus aux épreuves du ou des brevets de spécialité.

A égalité de points, la priorité est fixée par le nombre de points obtenus aux brevets de spécialité.

Brevets de spécialités. — La notation des brevets de spécialité comporte, pour chacun d'eux, le coefficient suivant :

Armes montées	5	Chars de combat	2
Tireur classé	3	Lecteur au son	2
Grenadier classé	1	Tambour, clairon et trompette classé	2
Eclaireur agent de liaison	2	Sapeur mineur	2
Cycliste	2	Sapeur de chemin de fer	2
Topographe	2	Opérateur manipulant télégraphiste	2
Nageur classé	3	Escrimeur classé	2
Gymnaste classé	2	Colombophile	3
Sports athlétiques	2	Lutteur classé	2
Boxeur classé	1		
Aviron	3		

Nota. — Le maximum des points que peut obtenir le candidat par brevet est donc 10, 20, 30 ou 50 points, suivant la nature du brevet.

Durée des B. P. M. E. et B. S. — Les examens ayant pour but de constater l'aptitude des candidats au moment de l'incorporation, les certificats délivrés, B. P. M. E. et B. S. ne sont *valables que pour la session pendant laquelle ils ont été délivrés.*

Nota. — Le candidat qui n'a pas bénéficié du brevet obtenu au cours d'une session doit passer à nouveau les examens au cours d'une session ultérieure.

(1) Page 24.
(2) Page 22.

PROGRAMME GÉNÉRAL D'INSTRUCTION PRÉ-MILITAIRE.

L'instruction pré-militaire comprend trois parties : 1° l'éducation physique; 2° l'éducation morale; 3° l'éducation élémentaire.

I. — Éducation physique.

Cet enseignement comporte toutes les séries éducatives et la gymnastique d'application indiquées par le règlement général d'éducation physique (2e partie), l'entraînement à la marche, la natation et l'hygiène élémentaire.

GYMNASTIQUE ÉDUCATIVE.

PRINCIPES GÉNÉRAUX. — Les *mouvements de tête* assouplissent et développent les muscles de la nuque et du cou pour donner à la tête une attitude correcte et aisée. Ils prédisposent à une bonne mise en joue et à la prise correcte des alignements.

Les *mouvements simples des jambes* activent la circulation dans les membres inférieurs. Ils assouplissent les articulations de la hanche, du genou et du pied et rendent ainsi la marche plus légère et plus aisée. En augmentant la puissance des membres inférieurs, ils développent l'aptitude à la marche et préparent en outre aux exercices d'équilibre et de saut.

Les *mouvements simples des bras* activent la circulation dans les membres supérieurs. Ils assouplissent les articulations des épaules, des coudes et favorisent le développement de la poitrine. En augmentant la puissance des membres supérieurs, ils facilitent la formation des tireurs et préparent à certains exercices d'application très intenses.

Les *exercices combinés des bras et des jambes* produisent simultanément les effets dus aux mouvements simples des bras et des jambes. Ils réclament un travail plus intense que les mouvements simples et de la coordination dans les efforts musculaires.

Les *exercices d'extension dorsale* favorisent le redressement de la colonne vertébrale et le développement de la poitrine en agissant simultanément sur les muscles dorsaux et sur ceux de la région antérieure du tronc.

Les *exercices de suspension* augmentent la mobilité des côtes et redressent passivement la colonne vertébrale. Combinés avec les mouvements de bras, ils développent les muscles des membres supérieurs et préparent au grimper; combinés avec des mouvements de jambes, ils développent les muscles des membres inférieurs et les abdominaux. Les suspensions inclinées exercent en outre les muscles dorsaux et constituent une excellente préparation aux suspensions allongées.

Les *exercices d'équilibre* ont pour but d'éduquer le système nerveux pour amener la coordination des mouvements. Ils développent l'adresse et le sang-froid, donnent l'aisance dans l'attitude et la démarche. Ils exercent plus particulièrement les membres inférieurs.

Les *exercices du tronc* développent plus particulièrement les extenseurs de la colonne vertébrale, ainsi que les fixateurs des épaules en arrière; ils assouplissent également les articulations de la colonne vertébrale. Chaque séance doit comprendre des exercices de flexion, de rotation et de flexion latérale.

Les *exercices des muscles abdominaux* ont pour but d'augmenter la force des muscles de l'abdomen, de leur donner de la tonicité, d'accroître, par conséquent, leur action hygiénique et esthétique.

Les *exercices respiratoires* augmentent la capacité respiratoire en donnant de la souplesse à la cage thoracique et favorisent l'oxygénation du sang. Ils sont pratiqués chaque fois qu'il est nécessaire de ramener le calme dans l'organisme, notamment après les courses, les jeux, les sauts.

L'*aspiration* doit être profonde, par le nez, bouche close, en rentrant le ventre et en s'élevant sur la pointe des pieds.

L'*expiration* se fait en retombant sur les talons; elle doit être complète avant de reprendre l'aspiration.

NOTA. — Ces exercices éducatifs, pratiqués journellement, même pendant quelques minutes, au lever et au coucher, sont hygiéniques; ils facilitent l'entraînement et prédisposent à la gymnastique d'application en vue des examens au revet de préparation militaire élémentaire.

GYMNASTIQUE D'APPLICATION.

A l'inverse de la gymnastique éducative, dont la bonne exécution repose sur le principe du plus grand travail, la gymnastique d'application est régie par la loi de l'économie des forces.

Elle comprend les divers exercices qui développent le mieux la valeur physique et morale des jeunes gens, notamment : les exercices de boxe, les mouvements aux barres et aux agrès, luttes de traction et de répulsion, lancement du poids, courses, sauts, marche et natation.

Les *luttes de traction et de répulsion* développent l'énergie physique et morale et produisent la coordination des efforts de l'individu et du groupe. Deux hommes ou deux groupes tirent sur une corde en sens opposé. En remplaçant la corde par une perche, on peut exécuter une lutte de traction et une lutte de répulsion.

Le *lancement du poids* est à la fois un exercice de vitesse et de coordination.

La *course* est le moyen le plus puissant de développer la respiration; elle accroît en même temps la résistance de l'organisme et habitue le soldat aux efforts violents que peut réclamer le service de la guerre. Elle agit donc à la fois d'une façon très intensive sur les poumons, le cœur, les muscles des jambes et sur le système nerveux.

Tous les effets bienfaisants qu'on est en droit d'attendre de la pratique de la course sont annihilés si l'exercice est mal dirigé, la vitesse trop considérable ou l'entraînement mal compris.

La course est précédée d'une marche de quelques minutes au pas cadencé, puis le pas gymnastique est pris, d'abord à une allure lente, qui est accélérée progressivement jusqu'à la vitesse réglementaire. Pour éviter l'essoufflement; l'expiration doit toujours être faite aussi complète que possible.

Un peu avant la fin de la course, l'allure est ralentie. Pour achever de calmer l'organisme, la course est suivie d'une marche de quelques minutes pendant laquelle on prescrit aux élèves de faire des exercices respiratoires.

Les *sauts* développent l'adresse, l'énergie morale et éduquent le système nerveux. Ils sont exécutés avec ou sans élan, en profondeur, en longueur, en hauteur. Les sauts en longueur peuvent être combinés soit avec les sauts en hauteur, soit avec les sauts en profondeur.

La *marche* est, par excellence, le sport du fantassin. L'aptitude à la marche se développe beaucoup plus par la pratique que par des procédés pédagogiques. L'entraînement est nécessaire, mais il doit être lent, progressif et continu. Une marche d'allure trop précipitée provoque l'essoufflement qui arrête l'homme bien avant qu'il ne soit fatigué.

L'essoufflement est caractérisé par des battements de cœur précipités et une respiration haletante avec gêne des mouvements respiratoires. Il est dangereux s'il est exagéré et trop fréquemment répété. Il est retardé par une bonne éducation respiratoire.

La pratique de la *natation* développe le calme, le sang-froid, la valeur morale de l'individu. Il est indispensable que les hommes sachent nager, mais cet exercice nécessite des précautions particulières. En aucun cas les élèves ne devront se baigner isolément. Après le bain, il est nécessaire de réagir immédiatement par une marche ou une course de quelques minutes (1).

III. — Éducation morale et civique.

Cet enseignement est donné conformément au programme en usage dans les établissements d'enseignement public et fait l'objet de causeries et de conférences dans les sociétés.

Il porte plus spécialement sur les points suivants :

Devoirs envers la France, le citoyen et la société française; la famille. La dignité individuelle (propreté, tenue, sobriété, etc...). Les vertus du bon citoyen et du bon soldat : discipline, camaraderie, solidarité, belle humeur, générosité, loyauté, dévouement, honneur, amour de la patrie. La patrie, le drapeau. La force au service du droit. La conscience des grands intérêts nationaux. La population de la France par rapport à celle des autres nations.

Hygiène. — A cet enseignement, il faut joindre des causeries ou conférences sur l'hygiène en général : hygiène individuelle, hygiène du vêtement, de l'habitation et hygiène collective. Hygiène des exercices physiques, etc., etc... Lutte contre la tuberculose, l'alcoolisme et les maladies vénériennes. Théories pratiques, premiers soins aux blessures légères. Secours aux noyés. Lutte contre l'asphyxie, etc...

IV. — Éducation militaire élémentaire.

Cet enseignement comprend : 1° l'éducation individuelle dans la campagne en vue d'apprendre aux jeunes gens à se débrouiller; 2° l'emploi de l'outil pour l'aménagement du sol; 3° l'emploi du fusil, c'est-à-dire enseigner aux élèves-soldats tout ce qu'il faut faire pour bien tirer. C'est la partie technique la plus importante de l'éducation militaire à donner aux élèves sur laquelle les S. A. G. ne sauraient trop insister.

Instruction du tir. Principes généraux. — La préparation à la guerre constitue le but unique de l'instruction des troupes; elle doit être également le but absolu des sociétés de tir et de préparation militaire.

Le tir en est une des parties les plus importantes. Indépendamment de son but immédiat, il concourt à développer chez les jeunes gens la confiance en eux-mêmes; il affermit leur habileté individuelle, leur valeur militaire et fortifie leur valeur morale.

Or, l'habileté individuelle ne s'acquiert que par une instruction technique, répétée souvent, sagement enseignée, suivant un programme déterminé et qui comprend :

1° Des exercices préparatoires;

2° Des exercices de tir.

Exercices préparatoires. — Les exercices préparatoires sont enseignés dans l'intérieur des S. A. G. et S. A. M. pendant l'hiver, du mois d'octobre au mois de mars, deux séances au minimum par mois.

Il est indispensable que les jeunes gens reçoivent cet enseignement avant

(1) Il est de toute nécessité que la natation soit rendue obligatoire d'ici quelques années, lorsque la loi sur l'éducation physique obligatoire aura son plein effet.

de se présenter au stand et qu'ils connaissent les règles qui suivent. Tirer un coup de fusil sur un but déterminé, c'est réunir en une seule opération trois actions distinctes, savoir :

1° Pointer l'arme (exercices de pointage);

2° La maintenir en direction (exercices de mise en joue);

3° Agir sur la détente pour faire partir le coup (action du doigt sur la détente).

La *ligne de mire* est déterminée par le milieu de la ligne qui joint les bords supérieurs du cran de mire et par le sommet du guidon.

Pointer l'arme, c'est diriger la ligne de mire sur le but à atteindre.

Viser un point marqué. — L'arme est régulièrement pointée lorsque le guidon apparaît sous le cercle noir comme dans la figure ci-dessous :

La hausse. — La hausse est un instrument qui sert à donner à l'arme l'inclinaison nécessaire pour atteindre un but plus ou moins éloigné.

Son emploi. — Il faut toujours prendre la hausse correspondant à la distance indiquée. Dans le cas d'une distance comprise entre deux graduations consécutives, prendre la hausse supérieure.

Les règles d'emploi de la hausse sont les suivantes :

De 200 à 1.000 mètres, cran de mire de l'arrière de la planche (planche rabattue sur son pied, curseur sur le gradin correspondant à la distance);

De 1.100 à 2.000 mètres, cran de mire du curseur, le bord supérieur du curseur à hauteur du trait marquant la distance.

Action du doigt sur la détente. — L'élève s'exerce seul à agir sur la détente.

La main droite serrant l'arme à la poignée, comme dans la position de joue, agir sur la détente avec l'extrémité antérieure de la deuxième phalange, afin d'amener la seconde bossette en contact avec le dessous de la boîte de culasse; marquer un temps d'arrêt; retenir la respiration, puis laisser partir le coup en fermant lentement le doigt, d'un mouvement continu et sans saccade.

Le tireur doit pouvoir accuser son coup, c'est-à-dire préciser le point sur lequel était dirigée la ligne de mire au moment du départ du coup.

DRESSAGE PHYSIQUE DU TIREUR.

Les exercices préparatoires sont complétés par un dressage physique du tireur comprenant :

1° Une éducation du système nerveux;

2° Une gymnastique appropriée de l'œil, des bras et des poumons.

Education du système nerveux. — Le but de l'éducation du système nerveux est de supprimer l'appréhension de la détonation et du recul qui provoque, chez certains tireurs, un mouvement réflexe qui occasionne le déplacement de l'arme au moment du départ du coup.

Il faut obtenir chez l'élève le calme le plus complet et arriver à le convaincre qu'il doit songer uniquement à exercer une pression graduée sur la détente tout en s'efforçant de maintenir la ligne de mire en direction et sans se préoccuper du départ possible du coup. Le coup doit partir à son insu.

En aucun cas l'élève ne doit faire partir le coup sous l'influence de la fatigue ou d'un énervement passager. Il doit revenir à la position de la charge, prendre haleine et ne viser à nouveau que lorsqu'il est sûr qu'il est calme et bien maître de lui. Il doit charger vite, mais viser très attentivement et posément.

EXERCICES DE L'ŒIL, DES BRAS ET DES POUMONS. — L'accommodation de l'œil à la visée s'obtient par des exercices de pointage sur des objectifs placés de plus en plus loin.

La force musculaire des bras nécessaire pour maintenir l'arme en direction s'accroît par la pratique des exercices physiques et par des exercices de mise en joue.

Les mouvements respiratoires propres à développer les poumons consistent à élever verticalement les bras et à les abaisser, soit en avant, soit latéralement. Dans ces mouvements, l'élève doit inspirer par le nez et expirer par la bouche. Avant de tirer, les élèves doivent être exercés à cet exercice.

Au moment de tirer, en mettant en joue, le tireur doit inspirer par le nez et retenir son expiration jusqu'au départ du coup. Cette habitude est précieuse pour les bons tireurs.

NOUVEL APPAREIL DE POINTAGE. — Un nouvel appareil de pointage a été créé, s'adaptant aux fusils 1886 M 93, 1907-1915, 1917 et 1918. Cet appareil comprend :

1° Un guidon G, rectangulaire, présentant une fente de $0^{mm},8$, qui permet de réaliser en direction des tirs aussi précis qu'avec un guidon de forme effilée;

2° Une haussé H, à cran de mire trapézoïdal.

La figure A indique comment le guidon doit être vu dans le cran de mire pour que l'œil soit placé dans le prolongement de la ligne de mire.

La figure B montre la manière de voir un point marqué P.

FIG. A

FIG. B.

ARMEMENT. — Les armes mises actuellement à la disposition des sociétés agréées sont : le fusil modèle 1886, modifié en 1893, à répétition (magasin de 8 cartouches); le mousqueton modèle 1892 et la carabine de cavalerie modèle 1890 à chargeurs (3 et 5 cartouches); le fusil 1907-1915 à chargeurs.

Au cours de la guerre, les fusils désignés ci-après ont été mis en service :

1° Le fusil modèle 1907-1915 à chargeurs (3 cartouches);

2° Le fusil modèle 1907-1915 modifié en 1916 (chargeurs de 5 cartouches);

3° Le fusil mitrailleur modèle 1915 (C. S. R. G.) à tir automatique avec chargeur de 20 cartouches;

4° Le fusil automatique modèle 1917 (R. S. C.) à chargeurs de 5 cartouches;

5° Le fusil automatique modèle 1918 à chargeurs de 5 cartouches.

Tous ces fusils tirent la cartouche D. A. M.

Les fusils automatiques fonctionnent par emprunt de gaz sur le parcours du canon. L'alimentation se fait à l'aide de chargeurs identiques au chargeur du fusil modèle 1907-1915 M 16.

Par suite du fonctionnement automatique de l'arme, le tireur n'a plus à exécuter les mouvements de la charge et de la mise en joue après chaque cartouche.

Il n'a qu'à presser sur la détente pour brûler, à sa volonté et sans désépauler, les cinq cartouches du chargeur (1).

DÉFINITIONS.

La *ligne de tir* est l'axe du canon indéfiniment prolongé.

La *trajectoire* est la courbe que décrit la balle pendant son trajet dans l'air.

La force qui met la balle en mouvement est appelée force de projection; elle est produite par les gaz provenant de la combustion de la poudre.

La balle est lancée suivant la direction de la ligne de tir par la force de projection; mais, dès qu'elle est sortie du canon, elle tend à s'abaisser sous l'influence de la pesanteur en même temps que sa vitesse est ralentie par la résistance de l'air. *La trajectoire est la résultante des effets de ces trois forces.*

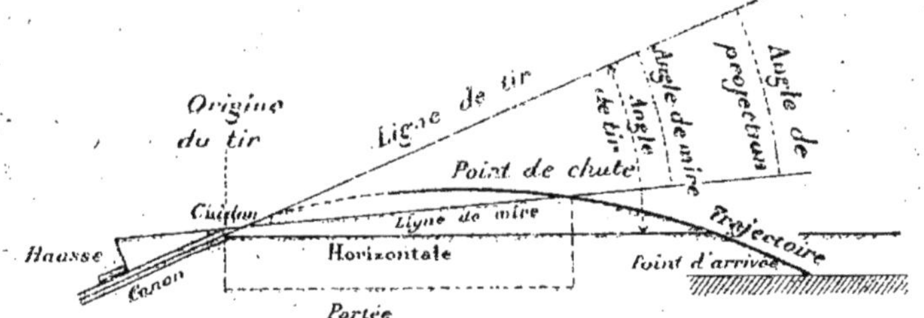

On appelle *angle de tir* l'angle formé par la ligne de tir avec le plan horizontal.

L'*angle de mire* est formé par la ligne de mire et la ligne de tir.

L'*origine du tir* est le point où la balle sort du canon; celui où elle rencontre le sol prend le nom de *point d'arrivée*.

Le *point de chute* est le point où la partie descendante de la trajectoire coupe le prolongement de la ligne de mire.

La *portée* est la distance du point de départ de la balle à son point de chute.

La *flèche* est la mesure de la plus grande élévation de la trajectoire au-dessus de la ligne de mire.

L'*ordonnée* d'un point de la trajectoire est la distance de ce point à la ligne de mire.

Le *point d'impact* est l'empreinte produite par la balle sur le but.

La *zône dangereuse* est la partie du terrain où le but ne saurait être placé sans être atteint par la balle.

Au moment du départ du coup, l'axe du canon subit, au-dessus de sa position de pointage, un léger déplacement angulaire, auquel on donne le nom de *relèvement*.

L'angle de mire, augmenté de l'angle de relèvement, prend le nom d'*angle de projection*.

Le fusil modèle 1886 M 93 a une portée maximum de 4.300 mètres.

La *vitesse initiale* de la balle est la vitesse qu'elle possède à sa sortie du canon; elle est en moyenne de 700 mètres, balle D.

La *durée de trajet* d'un projectile est le temps qu'il met à franchir une portée donnée.

La *vitesse restante* d'un projectile à une portée donnée est la vitesse qu'il possède à cette portée.

(1) Il est à désirer que ces armes automatiques soient, dans les centres d'instruction, de préparation et de perfectionnement militaires, mises à la disposition des tireurs en vue de les familiariser dans leur emploi, et pour former des spécialités.

CONSEILS.

Devoirs physique, militaire et civique.

Jeunes amis, il est de votre devoir de vous pénétrer des principes généraux qui précèdent et des conseils qui suivent, de vous en inspirer pour vous tracer, pour l'avenir, une ligne de travail, un but.

Vivre pour servir, travailler pour être utile à ses semblables, à son pays, à soi-même. Voilà la vraie vie, la vie idéale qui donne le bonheur et la satisfaction intime des devoirs accomplis, simplement et dignement.

DEVOIR PHYSIQUE.

L'éducation physique, les sports joints à une culture intellectuelle vous aideront à acquérir cette joie, à franchir et à gravir les échelons de la hiérarchie sociale; ils vous donneront l'audace, la fermeté de caractère, la volonté, et la ténacité pour vous maintenir toujours en parfaite santé et en possession de tous vos moyens physiques, intellectuels, matériels et moraux.

« Vouloir c'est pouvoir. » Un homme sans volonté est un arbre sans racine.

Donc, amis jeunes gens, entraînez-vous physiquement, progressivement, sans vous surentraîner. Ne faites du sport qu'après une culture physique rationnelle.

Entretenez l'effort, maintenez-vous en forme et habituez votre corps à la fatigue, à ne craindre ni la chaleur ni le froid; à réagir contre les sautes de température, etc...

Soyez actifs, soyez forts; il est un minimum de force physique qu'il est décevant de ne pas posséder; mais ne faites de l'athlétisme qu'après une sage culture physique et avis du docteur.

En athlétisme, évitez la spécialisation, laquelle n'est admise que pour les sujets particulièrement doués. La spécialisation prématurée est en contradiction formelle avec les lois du développement harmonieux de l'individu.

En règle générale, le candidat athlète doit choisir ses sports d'après son goût personnel, comme le candidat champion doit se spécialiser d'après ses aptitudes naturelles, sauf contre-indication du docteur. A cet effet, amis, retenez ce proverbe : « Qui souvent se pèse, bien se connaît. »

Pour éviter le surentraînement, il faut vous soumettre à de fréquentes pesées. La perte régulière de poids, en cours d'entraînement, est un indice certain de fatigues exagérées. Dans ce cas, soyez prudents, une visite médicale s'impose.

DEVOIR MILITAIRE.

D'autre part, n'oubliez pas que les sociétés d'éducation physique et de préparation au service militaire que vous fréquentez doivent être des cellules vivantes de patriotisme, de discipline, de savoir-faire et de savoir-vivre. Ce sont des écoles du devoir civique, où tous vous devez prêcher d'exemple.

N'oubliez pas davantage que « la discipline faisant la force principale des armées, il importe que tout supérieur obtienne de ses subordonnés une obéissance entière et une soumission de tous les instants ». C'est la loi du devoir militaire.

Il doit en être de même dans les diverses sociétés où l'obéissance doit être absolue; mais, en outre, volontairement consentie, intuitive, guidée par l'unique souci de mieux faire, de s'améliorer, de se développer pour la satisfaction du devoir militaire à accomplir et pour le bien général du pays.

C'est un devoir de haute conscience patriotique.

Or, les sports créent l'esprit d'équipe, la discipline collective et facilitent la discipline individuelle, le devoir militaire.

DEVOIR CIVIQUE.

Par votre tenue, toujours décente, le respect de vous-même, votre esprit de discipline, votre franchise et votre correction, vous obtiendrez toujours l'affection et l'estime de ceux qui vous entourent.

Au moment de vos divers examens d'aptitude physique, soyez toujours déférents envers les examinateurs; la politesse et une bonne tenue constituent la plus élémentaire règle des convenances et de savoir-vivre.

Amis, quelques conseils encore, soyez sobres, l'alcool est un poison; même pris à faible dose, il est mortel.

Soyez toujours d'humeur égale, toujours gais, la gaieté est le baume du cœur. C'est la santé du corps et de l'esprit.

Évitez les contacts intimes et fréquents, surtout en période d'entraînement intensif et au moment des examens.

Soyez bons et généreux pour vos semblables et, surtout, n'employez jamais votre force au détriment d'un camarade : les forts ne sont jamais méchants.

SOUVENEZ-VOUS!

Amis, un dernier mot! N'oubliez jamais que près de 1.500.000 de vos aînés sont tombés, balayés par la tourmente, victimes de la barbarie teutonne.

Ils sont morts pour la civilisation et la sauvegarde des patrimoines de gloire et de foi patriotique dont ils ont été un vivant exemple, un holocauste.

Pour cela, gardez-vous des théories subversives; entretenez, perpétuez le culte de nos morts glorieux, et puisez dans leur souvenir l'énergie, la volonté inébranlable pour l'accomplissement de tous vos efforts militaires et civiques.

Souvenez-vous!

QUELQUES RECOMMANDATIONS RELATIVES AUX EXAMENS DU B. P. M. E.

1° Marche.

Avant le départ, ne pas se charger l'estomac, manger légèrement. Prendre du café noir de préférence. Se munir, au besoin, d'un casse-croûte. Vêtements amples, chaussures larges, à semelles épaisses. Se graisser légèrement les pieds et surtout ne pas comprimer le cou-de-pied. Coiffure : béret basque de préférence, ou casquette « touriste ».

En cours de marche, être gai, très allant, chanter au besoin, mais toujours conserver l'exacte discipline du rang; ne pas s'arrêter sans raison majeure et, surtout, ne pas oublier que les officiers examinateurs peuvent diminuer la note du candidat d'après les remarques faites par eux au cours de la marche.

A l'arrivée, les candidats sont examinés par un médecin et notés suivant l'état des pieds et la fatigue générale constatée.

Les candidats qui n'effectuent pas la marche dans les limites de temps (cinq heures) et de distance (25 kilomètres) indiqués, sont éliminés; de même ceux qui n'obtiennent que la note 8, soit 16 points.

Conséquence. — Un entraînement progressif et des marches répétées de 15, 20 et 25 kilomètres s'imposent quelques mois avant l'examen.

2° Épreuves physiques.

Ce sont les plus importantes, qui permettent aux candidats aux fortes performances de se racheter et d'obtenir une bonne cotation, les cinq épreuves cotées étant, chacune, multipliées par le coefficient 5, soit 25.

Pour obtenir les 150 points exigés, il faut obtenir la note moyenne 6 dans chacune des épreuves.

Tenue de sport : culotte courte, espadrilles, chaussures à pointes pour les courses.

a) Saut en hauteur. — Prendre son élan 8 à 10 mètres en arrière, se lancer obliquement. Faire l'appel du pied opposé au côté duquel on se présente. Donner l'impulsion en lançant les bras verticalement par-dessus la barre ou la corde et la franchir en ciseaux; se recevoir sur la jambe opposée. La note moyenne 6 correspond à 1m,22. Indiquer, avant le premier saut, la hauteur sautée habituellement.

b) Saut en longueur. — Prendre son élan 20 à 25 mètres en arrière, dans l'axe; arriver sur la planche d'appel en vitesse; s'y donner une franche impulsion en élevant les bras et portant les jambes en avant; se recevoir sur la pointe des pieds, le buste incliné en avant et en abaissant les bras pour éviter la chute sur le dos. La note 6 correspond à 4m,25.

c) Course 100 mètres plat. — Moyenne 6, en 14 secondes 3/5.

Départ donné au signal ou à volonté. Se ramasser sur soi-même, s'arcbouter pour partir en vitesse. Faire une grande inspiration avant le départ, courir sur la pointe des pieds; le buste plutôt droit, et franchir la douze secondes 4/5 : note 15. Mais il faut s'y entraîner souvent et toujours le parcourir entièrement et non s'arrêter à 60 ou 80 mètres.
parcourir entièrement et non s'arrêter à 60 ou 80 mètres.

d) Course 1.500 mètres. — Non cotée, mais éliminatoire, en 6 minutes 30 secondes.

Partir en foulée, d'après son propre style, sans cadence, derrière un guide, en réglant son allure sur lui, mais sans le dépasser.

Cette épreuve, dite de résistance, est salutaire. Elle donne le fonds, la mesure du candidat. Elle doit être exécutée facilement et sans essoufflement. Tout candidat qui ne termine pas la course dans le temps prescrit est éliminé.

e) Grimper a la corde. — Moyenne 6, 4 mètres. Ce grimper est exécuté à l'aide seule des bras, en plusieurs montées successives. Au départ, saisir la corde à hauteur du visage, grimper 2m,50; redescendre à l'aide seule des bras. Poser les pieds à terre, compter 5 secondes, regrimper 2m,50. Répéter la même opération deux ou trois fois pour obtenir la note maxima 20, à 9 mètres. Résultat : 100 points.

f) Lancer (addition des deux mains). — 9m,50, moyenne 6. Trois essais de chaque main sont autorisés. Les deux meilleurs de chaque main sont totalisés et donnent la cotation. Exemple : 6 mètres, main gauche, plus 7m,50 main droite=13m,50. Note : 14. Points : 14×5=70.

g) Lever et porter. — Au signal du chronométreur, charger rapidement, sur l'une ou l'autre épaule, un sac de tranchée de 0m,25 de diamètre ou de largeur, lesté à 40 kilogrammes, pris à terre, et le transporter à 100 mètres en 50 secondes, temps de charge compris.

Cette épreuve, dite de force, non cotée, ne présente aucune difficulté d'exécution. Elle est le minimum de force à exiger des candidats. Tous, avec un peu d'entraînement, doivent pouvoir l'exécuter aisément.

Nota. — En résumé, toutes les épreuves visées ci-dessus sont très accessibles à la masse des jeunes gens; mais il est de toute nécessité qu'ils suivent un entraînement progressif, qu'ils travaillent pendant un an au moins avant les examens, pour obtenir les aptitudes requises.

Les notes obtenues sont mathématiques et sont la juste récompense du travail fourni antérieurement. Au cours des épreuves, prendre note des performances réalisées.

3° Tir.

A l'arme de guerre.

Prendre très correctement la position, couché de préférence; s'assurer que la hausse est à 250 mètres (planche rabattue en avant).

Fixer l'objectif (la cible), mettre en joue en serrant l'arme à la poignée. Viser une fois pour rien, sans changer l'arme, en fixant à nouveau l'objectif : le visuel noir.

1re balle d'essai. — Prendre avec soin la ligne de mire, légèrement en dessous du visuel. Viser lentement de l'œil droit et ouvrir les deux yeux pour s'assurer rapidement que le visuel noir se détache nettement au-dessus du guidon sur la verticale; fermer l'œil gauche, viser à nouveau avec l'œil droit en s'efforçant de ne faire partir le coup que lorsque la ligne de mire passe légèrement en-dessous du visuel noir. Si l'arme est juste, étant bien pointée, sans oscillation et coup de doigt, la balle portera bas et marquera 5 à 6 points, au minimum.

2e balle d'essai. — Même visée que ci-dessus, si le résultat est le même (5 à 6 points), le tir est réglé; l'arme est donc juste. Il suffira, dans ce cas, d'observer les mêmes règles en tirant légèrement plus haut, le visuel noir à cheval sur le grain d'orge, pour que les autres balles portent dans les zones 8, 9 et 10.

Si, au contraire, la balle a porté à droite ou à gauche et trop bas, il suffira de rectifier son tir en visant légèrement plus haut, à droite si la balle a porté à gauche; inversement, à gauche, si la balle a porté à droite.

3e BALLE D'ESSAI. — Tirer en tenant compte des résultats constatés d'après les règles ci-dessus (1er et 2e essais). Cette balle confirme la justesse ou l'écart probable de l'arme.

NOTA. — Les jeunes gens ont tendance à viser haut. Dans ce cas, les balles d'essai sont perdues et le tir ne peut facilement être rectifié. Eviter de tirer trop bas, car les mêmes inconvénients se présentent, les balles touchent la butte.

TIR RÉEL POUR CLASSEMENT. — Viser en observant les règles ci-dessus. Avoir confiance et ne rectifier son tir que si la 3e balle d'essai en a confirmé la nécessité. Aspirer fortement en mettant en joue, expirer lentement de façon à garder l'immobilité la plus absolue au moment du départ du coup.

A LA CARABINE.

Ce tir, en raison de la légèreté de l'arme, de la petite distance à laquelle il est effectué (qui permet de voir ses points d'impact) et de l'écart minime des balles, ne motive aucune règle particulière de réglage. Il est exécuté debout, et le visuel noir doit apparaître exactement au-dessus de la ligne de mire. Un tireur ordinaire doit mettre ses sept balles en cible et obtenir facilement la note minimum exigée : 40 points.

Les règles de visée sont les mêmes que pous le tir à distance réelle à l'arme de guerre.

4o Natation.

Cette épreuve est facultative; mais, en raison de son utilité et des points de majoration qu'elle donne au candidat, tous devraient la subir avec succès, car tous les jeunes gens qui se disent sportifs, et se réclament de leur B. P. M. E., doivent savoir nager.

Cette épreuve est passée pendant la saison chaude.

TENUE. — Caleçon ou costume de bain.

EPREUVE. — Se jeter franchement à l'eau d'une hauteur de 2 mètres par un plongeon simple, c'est-à-dire par une détente brusque et énergique des jarrets, descendre à l'eau presque verticalement, la tête en avant, les bras au-dessus.

Continuer sa course sous l'eau, en relevant la tête et en cambrant les reins pour revenir à la surface, mais s'efforcer de nager le plus possible entre deux eaux, en immersion, par de larges et fortes brasses.

Etant rendu à la surface, inspirer fortement et continuer la nage en maintenant le corps dans la position horizontale, la tête à demi immergée, sur le prolongement du corps et légèrement tournée.

Les candidats étant notés de 15 à 20, suivant le style employé, ont intérêt à utiliser plusieurs styles : nage de surface, nage de côté, plus rapide, et nage sur le dos, qui confirme l'aptitude réelle à la natation.

Les 70 mètres imposés peuvent être parcourus facilement en deux minutes.

5o Épreuves théoriques.

Se présenter très correctement aux officiers examinateurs et toujours répondre très clairement, avec précision, aux diverses questions posées sur les matières prévues au programme.

Il importe, à cet effet, que les candidats suivent les cours théoriques et pratiques donnés dans les sociétés et s'inspirent des indications contenues dans le présent livret (1).

(1) Consulter également le *Manuel de préparation militaire élémentaire. Education physique et sportive, morale sociale, et pré-militaire de la jeunesse*, du même auteur (Charles-Lavauzelle et Cie, éditeurs, prix : 4 francs).

Mode d'emploi.

[illegible] livret est la propriété exclusive du titulaire qui l'emportera dans ses [illegible]s changements d'école, de société ou de résidence.

[illegible]era rigoureusement tenu à jour et certifié exact :

Dans les écoles et établissements d'enseignement, par le directeur ou [illegible] de l'établissement;

Dans les diverses Sociétés, par le ou les divers présidents, étant en[illegible] que l'élève peut appartenir, en même temps, à plusieurs associations [illegible]tives ou groupements d'éducation physique et de préparation mili[illegible]ire;

Sous les drapeaux, par le commandant de l'unité administrative à qui [illegible] sera remis au moment de l'incorporation.

En outre, le présent livret sera remis aux diverses commissions d'examens devant lesquelles l'intéressé peut être appelé à se présenter pour l'obtention de l'un ou des certificats d'aptitude physique énumérés ci-après :

1° Certificat élémentaire d'éducation physique (1);

2° Certificat secondaire d'éducation physique (1er et 2e degré, examens du baccalauréat) (1);

3° Certificat d'éducation physique (examen devant le conseil de révision) (1);

4° Brevet de préparation militaire élémentaire;

5° Brevet de spécialité (B. S.).

Après l'incorporation, le présent livret sera utilisé dans les sociétés de tir et œuvres postrégimentaires, associations sportives et unions civiques.

Nota. — Pour assurer sa conservation, l'emploi d'une pochette imperméable est particulièrement recommandé.

(1) Note de l'auteur. — (*Extrait de l'article 13 de la loi en préparation* : « Pour la constatation des aptitudes physiques et de l'entraînement, il sera institué un livret individuel d'éducation physique, dont la contexture et les conditions dans lesquelles il sera établi et tenu seront déterminées par un règlement d'administration publique ».)

Le *présent livret précède donc la loi*. Il est établi pour en faciliter et hâter l'application, à la demande des sociétés et des intéressés qui réclament, en même temps, un programme et un guide. Ce modèle peut différer du modèle réglementaire, *non encore arrêté et prescrit*, mais les tableaux et les directives qui y sont insérés indiquent les diverses épreuves d'aptitude physique prévues pour chaque période, lesquelles, après la promulgation de la loi, seront introduites dans tous les examens et concours de l'enseignement primaire et dont certaines sont déjà exigées.

Ces épreuves sont fixées par le projet de Règlement général d'éducation physique distribué par les soins des ministères intéressés, à toutes les parties prenantes.

Ce Règlement précède lui-même la loi, et le présent livret n'est qu'une stricte application des règlements en vigueur.

Pour en faciliter la diffusion dans les familles et mieux répondre aux besoins de la nation et de chacun des intéressés, le présent livret comporte quatre fascicules ou livrets distincts :

Livret I (*Modèle A*). — Education physique élémentaire : 1re période, enfants de 6 à 13-14 ans (enseignement primaire).

Livret II (*Modèle B*). — Education physique élémentaire et secondaire : 1re et 2e périodes, enfants de 6 à 18 ans et élèves des grandes écoles.

Ces deux livrets sont exclusivement réservés aux élèves des écoles primaires et établissements d'enseignement secondaire (publics et privés).

Livret III (*Modèle C*). — Education physique et sportive (2e et 3e périodes). Ce livret complète les livrets I et II et s'adresse à la masse, aux jeunes gens de 16 à 20 ans, aux militaires sous les drapeaux, aux anciens militaires, à tous les sportifs qui veulent s'entretenir dans la pratique des exercices physiques et des sports.

Livret IV (*Modèle D*). — Complète le précédent. Il traite de la préparation militaire et s'adresse à tous les jeunes gens pour lesquels il constitue un Guide-Conseil pour l'obtention du brevet de préparation militaire élémentaire et des brevets de spécialité.

Louis Vuillemin,

Officier d'administration de 1re classe.

MANIÈRE DE PASSER LES ÉPREUVES PHYSIQUES.

(1re, 2e et 3e périodes.)

Certificats élémentaires et secondaires (1er et 2e degrés).

Les courses de 50, 60, 100 mètres sont individuelles. Le départ est donné au pistolet, après les indications : « Préparez-vous, attention. » Le pistolet peut être remplacé par un geste sec du bras ou le commandement : « Partez. »

Les courses de 600, 800, 1.000 mètres sont exécutées derrière un entraîneur ; il est interdit de le dépasser.

L'épreuve de saut en longueur s'exécute en traçant sur le sol du sauteur une ligne correspondant à la distance à franchir.

Les épreuves de saut en hauteur s'exécutent en mettant la barre à sauter à 0m,20 au-dessous de la hauteur à atteindre, puis en l'élevant successivement de 0m,10, puis de 0m,05. Trois essais sont accordés.

Le grimper s'exécute soit aux cordes lisses jumelles (certificat élémentaire d'éducation physique, certificat secondaire d'éducation physique « filles »), avec l'aide des jambes, soit à la corde lisse sans l'aide des jambes. Les rétablissements à la barre sont au choix du candidat, ils doivent être exécutés de suite avec, entre eux, un temps où les candidats passent à la suspension allongée sans reprendre contact avec le sol.

L'épreuve de lancer de balle se fait sur une cible verticale d'un mètre carré, de la main droite, puis de la main gauche, à la distance fixée par le tableau d'épreuves. Le candidat a à sa disposition six balles pour chacune des mains. La balle a un poids compris entre 60 et 100 grammes.

Le lancement de poids est un lancer athlétique, exécuté du bras droit puis du bras gauche, de l'intérieur d'un cercle de 2m,13 de diamètre. La distance est mesurée de la partie de l'empreinte laissée par le poids la plus rapprochée du cercle de lancement au centre du cercle, déduction faite du rayon.

L'épreuve de lever consiste à placer la barre à sphères ou la gueuse, prise à terre, au-dessus de sa tête et à la maintenir pendant quatre secondes dans cette position, les bras et les jambes tendus, pieds rassemblés. Pendant son élévation, la barre ou la gueuse ne devra toucher aucune partie du corps. Trois essais sont accordés, avec un repos de trois minutes entre chaque essai.

L'assouplissement est tiré au sort parmi les exercices du tableau d'éléments du cycle élémentaire d'éducation physique, du cycle secondaire pour le certificat secondaire d'éducation physique.

L'épreuve de natation est facultative. Elle permet de racheter l'une des épreuves éliminant le candidat. Elle consiste à nager sur une distance de 30 mètres pour le certificat secondaire d'éducation physique, ou à parcourir une distance de 50 mètres en une minute et demie pour le certificat d'aptitude physique.

NOTA. — Les épreuves des aptitudes physiques exigées des jeunes gens au moment de leur incorporation ainsi que la manière de subir ces épreuves au moment des opérations du conseil de revision seront, après le vote de la loi en instance au Parlement, déterminées par un Règlement d'administration publique, mais les candidats peuvent, d'ores et déjà, s'inspirer des directives indiquées ci-dessus et de celles qui figurent dans le présent Guide-Conseil pour l'obtention du brevet de préparation militaire élémentaire. — L. V.

www.ingramcontent.com/pod-product-compliance
Ingram Content Group UK Ltd.
Pitfield, Milton Keynes, MK11 3LW, UK
UKHW021108270726
13993UKWH00006B/1293